浙江省社科规划课题成果（课题编号：20NDJC225YB）

中国特色高水平高职学校建设成果

教育部国别和区域研究高水平建设单位建设成果

浙江省重点培育智库建设成果

"一带一路"框架下
浙江与捷克经贸合作发展报告
(2023)

周俊子　张海燕　朱莉妍　雷纳塔·库洛娃　著

ZHEJIANG UNIVERSITY PRESS
浙江大学出版社
·杭州·

图书在版编目(CIP)数据

"一带一路"框架下浙江与捷克经贸合作发展报告.
2023 / 周俊子等著. —杭州：浙江大学出版社，2024.1
  ISBN 978-7-308-24607-1

  Ⅰ.①一… Ⅱ.①周… Ⅲ.①"一带一路"—对外经
贸合作—研究报告—浙江、捷克—2023　Ⅳ.①F752.857.3

  中国国家版本馆 CIP 数据核字(2024)第 000767 号

"一带一路"框架下浙江与捷克经贸合作发展报告（2023）

周俊子　张海燕　朱莉妍　雷纳塔·库洛娃　著

责任编辑	诸葛勤
责任校对	黄　墨
封面设计	周　灵
出版发行	浙江大学出版社
	（杭州市天目山路 148 号　邮政编码 310007）
	（网址：http://www.zjupress.com）
排　　版	浙江大千时代文化传媒有限公司
印　　刷	浙江省邮电印刷股份有限公司
开　　本	787mm×1092mm　1/16
印　　张	13
字　　数	359 千
版 印 次	2024 年 1 月第 1 版　2024 年 1 月第 1 次印刷
书　　号	ISBN 978-7-308-24607-1
定　　价	98.00 元

序　言

　　2023 年是共建"一带一路"倡议提出十周年，中国与中东欧国家的合作也经历了时间和国际形势复杂变化的考验。在世界百年未有之大变局加速演进，特别是中美博弈、俄乌冲突、欧洲能源危机等事件叠加引发新的动荡变革的背景下，中国—中东欧国家合作的困难显著增多，挑战前所未有。当前，浙江正高水平推进对外开放，在高质量发展中奋力推进中国特色社会主义共同富裕先行和省域现代化先行。浙江在中国与中东欧国家地方合作的多个领域进行了积极探索。通过中国—中东欧国家经贸合作示范区、中国—中东欧国家博览会、"一带一路"捷克站、"义新欧"中欧班列等合作项目载体建设，浙江已成为中国与中东欧国家地方合作的排头兵，也积累了一定的经验。国家主席习近平在 2023 年 10 月 18 日召开的第三届"一带一路"国际合作高峰论坛开幕式上强调，要推动共建"一带一路"进入高质量发展的新阶段。面对新征程上的新挑战新考验，当好对中东欧国家地方合作的先锋力量，是浙江扛起"重要窗口"建设的一份担当，也是构筑全面开放新格局、打造中欧经济循环枢纽的重要支撑。

　　《"一带一路"框架下浙江与捷克经贸合作发展报告（2023）》总结浙捷经贸合作现状，分析捷克经济及其特色产业航空工业的发展趋势。

报告分为三篇，即"现状篇""发展篇""专题篇"。"现状篇"以数据呈现 2022 年浙江与捷克双方进出口贸易、双向投资和人文交流情况。其中，双向投资部分遴选捷昌驱动投资案例，诠释了"一带一路"框架下投资合作的潜力和效益。案例分析表明，近年捷昌驱动对外投资和并购案例频繁涉及中东欧国家，其中不乏对完善产业链、提升区域竞争力、拓展国际市场等因素的考量。"发展篇"总结 2022 年捷克经济发展状况，并对捷克经济发展趋势进行预测，为有意开展对捷经贸合作的企业和机构提供决策参考。报告认为，捷克经济复苏既面临高通货膨胀、全球金融风险、能源供给不足、劳动力紧缺等不利因素影响，也存在经济基本面健康、绿色与数字化转型、国际市场恢复等可以把握的有利因素。"专题篇"以捷克航空工业为分析对象，分为两部分。第一部分从产业链覆盖面、企业国际影响力、对外贸易联结、投资环境和条件、融合应用赋能等维度对捷克航空工业发展现状进行综合分析。第二部分展望未来，总结捷克航空工业发展的优势与困境，基于此对捷克航空工业发展形势进行研判。

本报告以中、英、捷三语同时呈现。中文版：周俊子负责报告的框架设计和全稿的审阅通读，并执笔撰写"现状篇"；张海燕负责写作的具体组织和报告的研究指导，并执笔撰写"发展篇"；雷纳塔·库洛娃（Renata Čuhlová）和朱莉妍联合撰写"专题篇"。英文版：徐蕾负责翻译的组织及全稿的审阅通读；徐蕾、范爽爽负责"发展篇"与"现状篇"的翻译，以及"专题篇"的部分翻译；雷纳塔·库洛娃负责"专题篇"的部分翻译。捷克文版：徐伟珠负责翻译的组织及全稿的审阅通读；徐伟珠及其团队负责"发展篇"的翻译，以及"现状篇"与"专题篇"的翻译复核；雷纳塔·库洛娃负责"现状篇"与"专题篇"的翻译。我们希望以这份报告为媒介，加强与捷克及全球"一带一路"研究者之间的讨论交流，推动科研合作，携手贡献更多更好的研究成果。

　　本报告是浙江金融职业学院捷克研究中心的年度主打研究成果。捷克研究中心是经教育部备案设立的区域国别研究中心，近年先后入选教育部高校国别和区域研究高水平建设单位、浙江省重点培育智库，是致力于捷克政治、经济、文化、社会等各方面综合研究的开放型研究平台。

　　受研究团队水平所限，本报告中不当之处在所难免，敬请社会各方批评指正。

郑亚莉

浙江金融职业学院捷克研究中心主任

目　录

现状篇　2022 年浙江与捷克双方经贸合作现状分析 ·············1

一、双方货物贸易情况 ····························3

二、双向投资情况 ·····························8

三、人文交流情况 ····························16

发展篇　2022 年捷克经济发展情况分析与趋势预测 ·············19

一、2022 年捷克经济发展概况 ·················22

二、捷克经济发展趋势预测 ···················33

专题篇　捷克航空工业发展分析 ····················41

一、捷克航空工业发展现状 ···················43

二、捷克航空工业发展前景 ···················53

致　谢 ································61

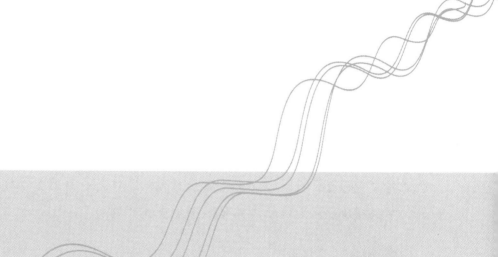

现状篇

2022 年浙江与捷克双方经贸合作现状分析

内容提要

◆ 双方货物贸易情况

浙江与捷克货物贸易规模不断扩大，10 年间出口翻了两番，进口翻了一番，进口提升空间较大。贸易商品结构上，浙江向捷克出口电工器材优势突出，传统劳动密集型产品和机电产品长期稳定增长趋势不明显；浙江自捷克进口机电产品增长突出，原材料、资源型产品下滑明显。贸易主体上，民营企业是骨干力量，投资带动出口效应显现，进口企业实体变动较大，绿色能源、智慧城市、供应链物流等领域合作空间可期。

◆ 双向投资情况

截至 2022 年底，捷克共在浙江投资设立 100 家企业，实际外资为 7982 万美元；浙江共在捷克投资 20 家企业或机构，对外直接投资备案额为 4.23 亿美元。2022 年，浙江设立首批 6 个中国——中东欧国家经贸合作示范区联动区，以点带面，亮点纷呈。近年浙江捷昌线性驱动科技股份有限公司（简称捷昌驱动）对外投资和并购案例频繁涉及中东欧国家，具有一定的代表性。

◆ 人文交流情况

捷克不仅是浙江在中东欧国家的重要贸易伙伴和投资目的地，双方在教育、旅游、文化等领域也进行了务实的交流与合作。教育合作平台丰富，主体多元，影响力不断提升。旅游合作基础良好，优势明显，复苏向好动力足。文化交流形式多样，互动活跃，线上线下齐发力。

捷克地处中欧，是"一带一路"上的重要节点，是浙江在中东欧地区的重要合作伙伴。2022 年是中国—中东欧国家合作机制建立 10 周年。贸易方面，捷克是浙江在中东欧国家的第三大贸易伙伴，也是第三大出口目的地。浙江与捷克进出口贸易规模屡创新高，10 年间出口翻了两番，进口翻了一番，双方贸易年均增速高于同期浙江外贸增速、浙欧贸易增速，以及中国与中东欧国家贸易增速。投资方面，捷克已经成为浙江在中东欧地区除希腊以外最大的投资目的地。近年捷昌驱动对外投资和并购案例频繁涉及中东欧国家，其中不乏对完善产业链、提升区域竞争力、拓展国际市场等因素的考量。人文交流方面，双方在教育、旅游、文化等领域进行了务实的交流与合作，新冠疫情后的全面放开将带来新活力。

一、双方货物贸易情况

（一）总体情况

双方进出口贸易规模不断扩大，10 年间出口翻了两番，进口翻了一番，进口提升空间较大。

2022 年是中国—中东欧国家合作启动 10 周年。在百年未有之大变局和世纪疫情叠加交织影响下，全球经济下行压力明显加大。在此背景下，浙江与捷克持续推进务实合作，双方进出口贸易额逆势增长，再创历史新高，连续第二年突破 100 亿元人民币。2022 年，浙江与捷克进出口贸易额达到 18.89 亿美元（按年平均汇率 6.7261 折合 127.08 亿元人民币，下同），同比增长

3.7%。其中，浙江向捷克出口 16.75 亿美元（折合 112.68 亿元人民币），同比增长 2.3%；自捷克进口 2.14 亿美元，同比增长 16.5%，高于同期浙江进口增速 9 个百分点。如图 1-1 所示，2012—2022 年，双方贸易额从 5.32 亿美元增加至 18.89 亿美元，年均增长 13.5%，是同期浙江对外贸易增速的 1.6 倍，是中国与中东欧国家贸易增速的 1.7 倍，是浙江与欧盟贸易增速的 2.2 倍。其中，浙江向捷克出口从 4.29 亿美元增加至 16.75 亿美元，翻了两番，年均增长 14.6%；自捷克进口从 1.03 亿美元增加至 2.14 亿美元，翻了一番，年均增长 7.6%。总体来看，浙捷进出口贸易规模不断扩大，贸易不平衡现象客观存在。在中国—中东欧国家领导人峰会提出的进口目标落地的导向下，浙江自捷克进口提升空间较大。

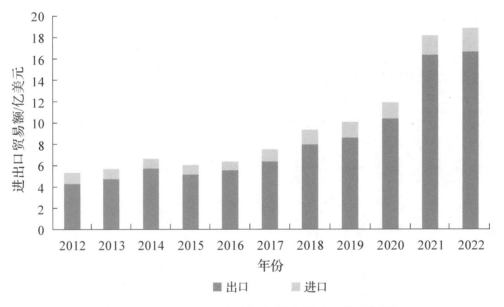

图 1-1   2012—2022 年浙江与捷克进出口贸易规模

（数据来源：浙江省商务厅）

（二）贸易商品结构

浙江向捷克出口电工器材优势突出，传统劳动密集型产品和机电产品长期稳定增长趋势不明显；浙江自捷克进口机电产品增长突出，原材料、资源型产品下滑明显。

出口方面，2022 年浙江向捷克出口的主要商品前 10 位如图 1-2 所示，出口共计 63580.31 万美元，占同期浙江向捷克出口总额的 38.0%。电工器材、服装及衣着附件、机械基础件等是其中主要几种。电工器材居出口商品第 1 位且领先优势突出，出口额为 28697.19 万美元，占比 17.1%，同比增长 28.8%，出口额较第 2 位的服装及衣着附件高出近 3 倍，规模差距较大。服装及衣着附件出口额徘徊在过去三年的平均水平附近，为 7312.99 万美元，同比增长 19.8%，但是持续实现正增长的难度较大。其后依次是机械基础件、通用机械设备，出口额均不足 5000 万美元，分别同比下降 6.3% 和 7.5%。在前 10 位主要出口商品中，鞋靴同比增长幅度最大，高达 118.0%，其次是音视频设备及其零件，同比增长 57.1%；下降幅度最大的是家用电器，同比下降 31.3%，其次是家具及其零件，同比下降 14.9%，这两类商品出口额均不及 2021 年水平。不管是传统劳动密集型产品，还是机电产品，细分商品出口增长情况有差异，长期保持增长的趋势不明显。如何夯实稳增长根基、提升出口商品的可持续竞争力已成为不可回避的现实挑战。

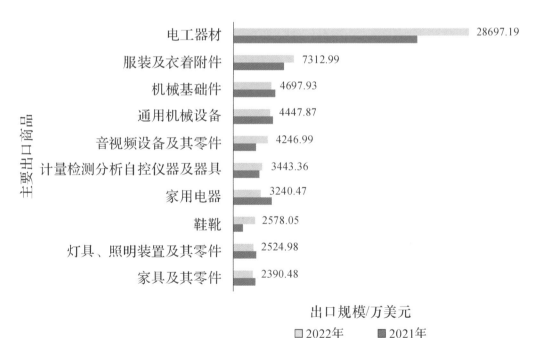

图 1-2　2022 年浙江向捷克主要出口商品规模及同比增减情况

（数据来源：浙江省商务厅）

进口方面，2022 年浙江自捷克进口的主要商品前 10 位如图 1-3 所示，钢材、电子元件、木及其制品等是其中主要几种。浙江自捷克进口的前 10 位商品进口额占同期浙江自捷克进口总额的 40.4%，进口产品集中度高于出口产品集中度，一定程度上反映出浙江对捷克商品的主要需求领域。钢材、木及其制品、初级形状的塑料 3 种原材料、资源型产品合计进口额为 3710.33 万美元，占比 17.3%。其中，钢材居进口商品首位，进口额为 2137.93 万美元，同比增长 2 倍，连续三年实现高增长。电子元件、计量检测分析自控仪器及器具、电工器材等 6 种机电产品合计进口额达到 4738.90 万美元，占比 22.1%，其中 5 种机电产品进口实现增长。在前 10 位主要进口商品中，增长最为突出的依次是自动数据处理设备及其零部件、机床（均属于机电产品），分别同比增长约 281 倍和 6 倍；下滑幅度最大的依次是木及其制品、初级形状的塑料（属于原材料、资源型产品），均同比下滑超 40%。这一方面有赖于捷克机电产品制造业的雄厚基础，另一方面也说明捷克不是资源富足型国家，原材料、资源型产品进口难以长期维持大规模扩张。比较前 10 位主要进、出口商品，

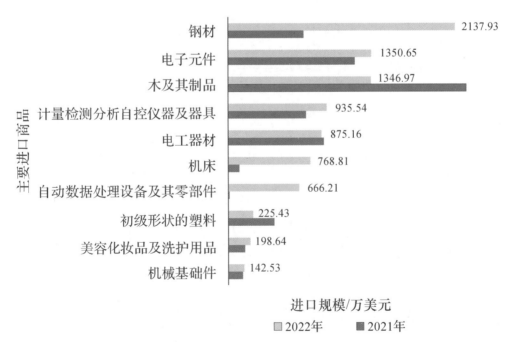

图 1-3　2022 年浙江自捷克主要进口商品规模及同比增减情况

（数据来源：浙江省商务厅）

仅电工器材、计量检测分析自控仪器及器具、机械基础件三类商品重叠。这表明浙捷双方进、出口商品结构存在差异，可以强化经贸合作，形成优势互补，实现产业互通。

（三）贸易主体结构

民营企业是贸易骨干力量，投资带动出口效应显现，进口企业实体变动较大，绿色能源、智慧城市、供应链物流等领域合作空间可期。

依出口规模排名，2022 年浙江向捷克出口前 20 位的企业包括：立讯智造（浙江）有限公司、浙江艾罗网络能源技术股份有限公司、万向一二三股份公司、浙江春风动力股份有限公司、浙江大华科技有限公司、杭州松下马达有限公司、宁波麦博韦尔移动电话有限公司、杭州隆基生物技术有限公司、杭州炬华科技股份有限公司、浙江银轮机械股份有限公司、宁波大叶园林设备股份有限公司、宁波博大机械有限公司、杭州协合医疗用品有限公司、杭州海康威视科技有限公司、浙江兆龙互连科技股份有限公司、浙江科恩洁具有限公司、慈溪冬宫电器有限公司、浙江华海药业股份有限公司、慈溪锦成进出口有限公司、日本电产芝浦（浙江）有限公司。从企业性质看，民营企业活力显现，在浙江向捷克出口前 20 位企业中占据 3/4，已成为出口的重要骨干和中坚力量，与浙江民营经济的突出优势相契合。从主营产品看，主要涉及电子设备、光伏储能、机械器材等产品出口。从规模排序看，前 5 位均为民营企业，其中立讯智造（浙江）有限公司继 2020 年跃升至第 1 位之后，2022 年再次位居榜首，保持着 2020 年以来出口规模排名第 1 位企业由外资企业转为民营企业的发展势头。从实体变动看，有 5 家企业为 2022 年新增入列，其中浙江艾罗网络能源技术股份有限公司位列出口规模排名第 2，展现出数字技术赋能绿色合作的广阔空间；浙江大华科技有限公司位列出口规模排名第 5，成为继万向一二三股份公司、杭州炬华科技股份有限公司之后投资带动出口的又一例证，也体现出物联网与智慧城市领域的合作潜力。

依进口规模排名，2022 年浙江自捷克进口前 20 位的企业包括：宁波东方电缆股份有限公司、嘉善华瑞赛晶电气设备科技有限公司、乐高玩具制造（嘉兴）有限公司、浙江物产民用爆破器材专营有限公司、宁波金田铜业（集团）股份有限公司、浙江军联铜业有限公司、海天塑机集团有限公司、新华三信息技术有限公司、浙江物产森华集团有限公司、宁波心怡供应链管理有限公司、魔研（浙江）电子科技有限公司、杭州富芯半导体有限公司、浙江长兴北新林业有限公司、亚欧汽车制造（台州）有限公司、浙江物产国际贸易有限公司（现更名为物产中大国际贸易集团有限公司）、宁波立得购电子商务有限公司、玉环市富立达金属有限公司、百世物流科技（宁波保税区）有限公司、义乌市欧盈供应链有限公司、嘉善鹤大木业有限公司。从企业性质看，浙江自捷克进口前20位企业中，民营企业继续保持在一半以上，发挥积极作用。从所属行业看，主要涉及电缆工程、电气设备制造、铜加工、木材加工等领域，与出口有所差异。从规模排序看，宁波东方电缆股份有限公司进口规模排名从2020年的第9位上升至2021年的第6位后，2022年更是提升至首位；嘉善华瑞赛晶电气设备科技有限公司进口规模排名从2020年的第12位跃升至2021年的第4位后，2022年再次提升至第2位。这进一步为浙江自捷克进口的前两位商品增长提供了佐证。从实体变动看，近一半企业为2022年新增入列，其中多属供应链物流、电子信息等领域。

二、双向投资情况

截至2022年底，捷克共在浙江投资设立100家企业，合同外资为9107万美元，实际外资为7982万美元，投资主要集中在医疗设备及器械制造，纺织服装制造业，贸易经纪与代理，纺织品、针织品及原料批发等行业；浙江在捷克累计投资20家企业或机构，对外直接投资备案额为4.23亿美元，投资主要集中在批发业、铁路、船舶、航空航天和其他运输设备制造业、金属制品业等行业。2022年，浙江企业在捷克的对外承包工程业务完成营业额1060.6万美元，新签合同额370.9万美元，主要实施企业为西子奥的斯电梯有限公司（现更名为奥的斯机电电梯有限公司）、浙江兆龙互连科技股份有限公司、宁波敏实汽车零部件技术研发有限公司。近年来，浙江将办好中国—中东欧国家博览会和建好中国—中东欧国家经贸合作示范区作为推进中国—中东欧国家务实合作的重要抓手。2022年浙江设立首批6个中国—中东欧国家经贸合作示范区联动区，以点带面，亮点纷呈。2023 年 5 月举办的第三届中国—中东欧国家博览会适逢浙江"地瓜经济"提能升级"一号开放工程"开局之际，相互借力，将进一步放大博览会效应和"地瓜经济"效应，汇聚与中东欧国家合作的各方资源要素，探索与中东欧国家的"双循环"路径。其中，捷昌驱动通过投资并购获得研发等高端生产要素，拓宽欧洲市场销售网络，品牌国际影响力也明显提高，具有一定的代表性。案例具体情况如下。

（一）企业简介

捷昌驱动成立于 2000 年，前身为捷昌医疗设备有限公司，是一家专业从事线性驱动系统研发、生产和销售的高新技术企业，入选浙江省科技小巨人、浙江省隐形冠军、浙江出口名牌及浙江省首批内外贸一体化"领跑者"企业，是我国线性驱动行业的领军企业。公司生产的线性驱动系统广泛应用于医疗康护、智慧办公、智能家居、工业自动化等领域，用于配套智能终端设备。具体应用产品为电动推杆、升降立柱、控制器等线性驱动产品。捷昌驱动不断挖掘海外市场，稳步推进全球化发展战略，持续完善海外产能布局，在亚太地区、欧洲、北美洲等地设立生产和研发基地，包括宁波生产基地、新昌生产基地、马来西亚生产基地、美国生产基地和欧洲生产基地。目前欧洲生产基地主要分布在奥地利、捷克与匈牙利这 3 个国家，其中奥地利和捷克生产基地为 2021 年收购 LEG 集团后新增，匈牙利生产基地为 2022 年以来投资新增。

被收购公司罗杰印迪孚集团有限公司（Logic Endeavor Group GmbH，简称 LEG 集团）及其旗下子公司，一直致力于为可调家具市场提供领先的解决方案及产品，在升降桌驱动系统领域有显著的研发优势。主要产品是电动升降桌升降立柱总成及控制器，存在较高的专利壁垒，在行业内属于顶尖水平，主要客户为欧美高端家具品牌。作为可调家具全球顶尖公司，LEG 集团是投资控股平台，旗下子公司主要经营可调家具驱动系统的研发、生产、销售等，具体包括罗杰德电子软件开发有限公司（Logicdata Electronic & Software Entwicklungs GmbH，简称 LDAT）、LDI 电子有限公司（LDI Electronics Vertriebs GmbH）、罗杰德亚洲有限公司（Logicdata Asia Limited）、METMO

有限公司（METMO s.r.o.）、罗杰德北美公司（Logicdata North America Inc.）、珠海罗杰德机电有限公司 6 家全资子公司。LEG 集团和下属子公司的股权结构关系如图 1-4 所示。其中，LDI 电子有限公司、罗杰德亚洲有限公司均为控股平台公司，本身无生产经营业务；LDAT 位于奥地利，是从事可调家具机电集成研发、生产和销售的专业制造商，研发人员占比约 1/3，产品开发能力在业内处于领先地位；METMO 有限公司位于捷克，主要为可调办公家具提供高品质、定制化的金属制品，在欧美可调家具市场上拥有广泛的客户群。

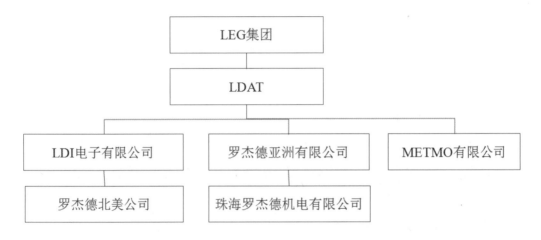

图 1-4　LEG 集团和下属子公司的股权结构关系

（资料来源：《浙江捷昌线性驱动科技股份有限公司关于收购 Logic Endeavor Group GmbH 100% 股权并增资的公告》）

（二）案例背景

捷昌驱动自成立以来始终坚持走国际化发展道路，深化全球战略布局，近三年对外投资和并购案例频繁涉及中东欧国家。2021 年捷昌驱动收购 LEG 集团的具体情况如下。

收购方：捷昌驱动境外全资子公司捷事达驱动（新加坡）私人有限公司［J-Star Motion (Singapore) Pte. Ltd.，简称新加坡 J-Star］。

被收购方：LEG 集团。

收购对象：LEG 集团 100% 的股权，从而间接持有其旗下子公司 LDAT、

LDI 电子有限公司、罗杰德亚洲有限公司、METMO 有限公司、罗杰德北美公司及珠海罗杰德机电有限公司 100% 的股权。

交易价格： 本次收购总对价为 7917.84 万欧元，并增资 2000 万欧元。

交易方式： 自筹资金现金支付。双方确认 2021 年 7 月 5 日为交割日，以欧元支付初始购买价，即交易对价总额的 88%；交割日满两周年之后的任何时间，以欧元或人民币支付递延购买价，即交易对价总额的 12%。截至 2021 年 7 月，股权交割事宜已如期完成，第一期收购价款已由捷昌驱动子公司新加坡 J-Star 支付完毕。

收购完成后，LEG 集团及其旗下子公司成为捷昌驱动的全资孙公司，纳入公司合并报表范围。捷昌驱动新增孙公司情况如表 1-1 所示。捷昌驱动在原有 6 大生产基地的基础上，新增奥地利、捷克两个生产基地，进一步提升了全球行业地位。

表 1-1　捷昌驱动收购 LEG 集团后新增孙公司情况

孙公司名称	注册地	业务性质	间接持股比例	取得方式
LEG 集团	奥地利	投资	100%	股权收购
LDAT	奥地利	生产、销售	100%	股权收购
LDI 电子有限公司	奥地利	投资	100%	股权收购
罗杰德亚洲有限公司	中国香港	投资	100%	股权收购
METMO 有限公司	捷克	生产、销售	100%	股权收购
罗杰德北美公司	美国	销售	100%	股权收购
珠海罗杰德机电有限公司	中国珠海	采购	100%	股权收购

（资料来源：捷昌驱动 2021 年年报）

注：据捷昌驱动 2022 年年报显示，珠海罗杰德机电有限公司已于 2022 年 7 月 26 日注销。

2022 年 7 月 28 日，捷昌驱动通过子公司新加坡 J-Star 在匈牙利投资设立捷事达驱动匈牙利有限公司（J-Star Motion Hungary Kft.，简称匈牙利 J-Star），注册资本 100 万欧元，持股比例为 100%。匈牙利 J-Star 的经营范围包括智能电动升降控制系统及线性驱动产品、设备、零部件的生产、研发及销售，货物进出口、技术进出口等。2022 年 9 月 5 日，捷昌驱动孙公司 LDAT 在匈牙利投资设立罗杰德匈牙利有限公司（Logicdata Hungary Kft.），注册资本 300 万匈牙利福林，持股比例为 100%。截至 2022 年底，捷昌驱动在中东欧国家的投资项目情况如表 1-2 所示，均为生产经营业务性质。

表 1-2 捷昌驱动在中东欧国家的投资项目情况

企业名称	收购或设立年份	注册地	业务性质	间接持股比例	取得方式
METMO 有限公司	2021	捷克	生产、销售	100%	股权收购
匈牙利 J-Star	2022	匈牙利	生产	100%	投资设立
罗杰德匈牙利有限公司	2022	匈牙利	生产	100%	投资设立

（资料来源：捷昌驱动 2022 年年报）

2023 年 6 月 1 日，捷昌驱动发布公告称，拟通过子公司新加坡 J-Star 对子公司匈牙利 J-Star 增资 6000 万欧元，用于在匈牙利投资建设欧洲物流及生产基地项目。匈牙利 J-Star 将全面负责该项目的建设及运营管理，项目投资进度也将根据生产经营业务需要进行调整。

（三）动因分析

捷昌驱动成立 20 多年来一直精心布局国内外市场的开拓路径。一方面，捷昌驱动着眼于国内传统应用领域的市场开拓，巩固优势地位；另一方面，公司以经济较为发达且更注重生活品质的欧美地区为主要目标市场，有针对性地开发产品功能，布局海外产能，拓宽外销渠道。本案例中，捷昌驱动将匈牙利、捷克等中东欧国家作为其国际化进程中的重要一环，深入实施国际化布局的经营战略，优化供应链管理体系，致力于持续提升公司国际化运营能力和核心竞争力。

1. 将技术研发优势与国际化布局相结合，不断完善产业链

捷昌驱动始终坚持创新驱动，设有省级高新技术企业研究开发中心和省

级企业研究院，拥有一支专业、稳定的研发团队，研发广度和研发深度支撑力足，在新产品设计与应用领域形成了过硬的技术积累，技术领先优势明显。从技术层面看，线性驱动技术起源于欧洲；从市场层面看，欧洲、北美洲的线性驱动系统市场成熟，是线性驱动产品消费的主要地区。鉴于此，捷昌驱动在设立之初就紧跟欧美市场趋势，根据欧美市场上产品品质和功能需求偏好进行产品设计与研发，致力于成为世界领先的线性驱动产品方案供应商。在多年的全球市场运营过程中，捷昌驱动为更好地服务全球客户，稳步推进"走出去"，积累了丰富的项目建设和跨国管理经验，已形成了较强的国际化运营优势。本案例中，不管是收购研发优势突出的 LEG 集团，还是建设欧洲物流及生产基地，捷昌驱动均对面向欧洲地区的"研产供销"全产业链条进行了有益补充。欧洲研发能力及本地化生产运营双重利好因素叠加，有利于进一步完善产业链延伸，提升企业综合竞争力。

2. 将产品质量优势与生产规模化相结合，提升区域竞争力

捷昌驱动是国内行业标准的起草者，生产的产品在质量和性能上都得到了广泛认可，不仅在产品性能指标上已基本接近国际品牌产品，而且在产品质量管理方面也获得了国际权威机构认证。捷昌驱动是浙江省"未来工厂"培育企业，依托产品质量优势和国内外生产基地，重视先进设备引进，不断加强工艺变革，具备向国内外客户快速批量交货的能力。然而，随着欧洲地区业务拓展的不断深入，捷昌驱动在产品质量、交货能力等方面难以满足欧洲业务规模快速扩张的需求。作为线性驱动技术的起源地，欧洲市场对线性驱动产品的设计研发、质量控制、供货效率等均有较高要求。况且，线性驱动行业下游客户对产品生产具有较强的定制化和非标准化的特征，对供货及时性也有较高要求。因此，通过建设欧洲本地化生产基地与物流中转基地，贴近目标市场，投入本地规模化生产线，有利于发挥产品质量优势，在提升产品功能与性能的同时，高效响应市场需求，加快产品配送速度，进而提升在欧洲地区的行业竞争力。

3. 将销售拓展优势与地理环境相结合，市场前景可期

捷昌驱动自设立以来积极参加各类国际展会，直接接触客户，一方面展

示公司实力，向客户推介产品和服务；另一方面了解海外市场信息，尤其是欧美市场的重要信息。公司产品在进入海外市场时，除了体现价格、质量的优势外，还非常注重品牌和口碑的塑造。通过与当地知名厂商的合作来共同开发海外市场，拓宽了公司的销售渠道和客户资源，从而在国内同类企业尚未完全布局海外市场业务时就已经把握了拓展国际市场的先机，在海外市场的开发中取得了领先优势。本案例中，中东欧国家匈牙利、捷克均属于维谢格拉德集团（Visegrád Group，简称 V4）国家，位处欧亚大陆的"心脏地带"，地理位置优越，营商环境良好，对外开放度较高。其中，匈牙利是欧洲交通网络枢纽之一，基础配套设施完备，物流、通信网络发达；捷克是中东欧地区运输网络密度最大的国家，拥有良好的产业配套条件、便捷的交通物流条件，以及稳定的人才信息条件。依托销售拓展优势与地理环境条件，推进在中东欧国家的产能扩充，有助于与欧洲市场实现近距离服务，助力市场份额进一步提升。

（四）影响及意义

捷昌驱动收购 LEG 集团和新建欧洲物流及生产基地项目，是其提高国际市场竞争力、提升全球行业地位的积极举措，是走外延成长道路和实施国际化发展战略的重要体现，符合"一带一路"倡议导向。

1. 树立高端品牌形象，提升全球行业地位

捷昌驱动收购 LEG 集团后，渠道、研发、品牌等方面均得以显著加强，其中在品牌运营方面，继续维持 LEG 集团管理层的稳定，保持罗杰德（Logicdata）的品牌独立。LEG 集团将作为捷昌驱动在欧美高端家具市场中的代表，更好地树立捷昌驱动在欧美高端市场的品牌形象，并结合捷昌驱动全球化的运营与高效的生产制造能力，进一步提升捷昌驱动的全球行业地位和综合竞争实力。

2. 走外延成长道路，增加市场辐射深度和广度

收购 LEG 集团实际上是捷昌驱动实施国际化发展战略的重要开端，是捷昌驱动走外延成长道路的重要途径，具有里程碑意义。通过收购 LEG 集

团，捷昌驱动在技术、品牌、渠道方面得到了实质性提升，这不仅扩大了其在欧洲的影响力，提高了欧洲市场占有率，也使其可借助 LEG 集团的海外生产基地辐射北美洲等其他市场，进一步开拓海外市场。近几年，欧洲市场快速发展，捷昌驱动已经积累了一批优质稳定的客户资源，产品需求逐步增大，对公司同步开发、产品交期、本土制造、售后服务等供应商综合能力提出了更高的要求。而欧洲地区是智慧办公产品的第二大市场，将是捷昌驱动未来三年业务规模增长、业绩增厚的重要来源地，也是关键增长点所在。2022年以来，捷昌驱动谋划扩大海外生产能力，在匈牙利先后投资设立全资子公司和新建欧洲物流及生产基地项目，是其走外延成长道路，加大市场辐射深度和广度的又一有力佐证。通过加快生产、物流及市场布局，捷昌驱动一方面可以结合当地政策，进一步扩大欧洲业务规模，为当地客户提供专业化服务，包括改进产品设计、提升产品性能，以及满足客户的个性化需求等，提升产品的市场竞争力；另一方面可以极大地提高对欧洲客户的供给能力，缩短交货周期，降低运输成本，进一步满足客户需求，提升在欧洲市场的竞争力，符合企业战略规划及长远利益。

3. 资源共享，相互赋能，符合"一带一路"倡议导向

捷昌驱动通过收购 LEG 集团和新建欧洲物流及生产基地项目，在研发、销售、产能等领域加强投资合作，实现资源整合和共享的同时，也推进相互赋能和协同发展，与"一带一路"倡议导向一致。在收购 LEG 集团项目时，捷昌驱动积极组建战略整合团队，从销售、生产、采购、技术、客户等方面与 LEG 集团进行深度的资源整合，推进资源共享，相互赋能，进而在全球范围内形成研发、生产、市场、品牌等方面的协同效应，实现互利共赢。捷昌驱动可以借助 LEG 集团的品牌效应和资源优势提升在全球智慧办公及智能家居市场的竞争力，同时 LEG 集团可以借助捷昌驱动的供应链、生产制造和先进的管理能力优化盈利能力。另外，在匈牙利投资新建欧洲物流及生产基地项目，将进一步完善捷昌驱动的生产基地布局，可以更好地应对海外客户需求，优化生产成本，提高经济效益，且有利于捷昌驱动更加灵活地应对宏观环境波动、产业政策调整、国际经贸格局变动等可能带来的潜在不利

影响，对企业的可持续发展具有积极意义。

三、人文交流情况

捷克不仅是浙江在中东欧国家的重要贸易伙伴和投资目的地，双方在教育、旅游、文化等领域也进行了务实的交流与合作。三年疫情给浙江与捷克的人文交流带来诸多困难，随着疫情的好转，人文交流将逐步恢复。

（一）教育合作平台丰富，主体多元，影响力不断提升

教育合作一直是中国—中东欧国家合作的一大亮点。《浙江省教育事业发展"十四五"规划》明确指出，深化与中东欧国家合作，提升中国（宁波）中东欧教育交流活动影响力，打造对中东欧教育合作高地。浙江积极推进与捷克等中东欧国家的教育合作，积累了丰富的经验，形成了一批品牌化、特色化、有影响力的成果。中国（宁波）—中东欧国家教育合作交流会持续举行，已累计与中东欧国家签署百余项教育合作项目，与中东欧国家近百所院校建立合作关系或者姐妹学校关系，教育合作实现中东欧国家全覆盖。浙江外国语学院、浙江越秀外国语学院、浙江万里学院分别开设捷克语专业及中东欧小语种特色班；中国计量大学在布拉格设立孔子学院，与"一带一路"捷克站、正泰、大华共建"浙江—捷克布拉格丝路学院"；浙江金融职业学院捷克研究中心创新实践"专业+语言+国别"国际化人才培养模式改革。同时，浙江高校与中东欧国家持续推进智库合作、科研合作，不断丰富教育合作内涵，提升教育合作质量。比如，浙江理工大学与捷克利贝雷茨理工大学共建先进纤维材料联合实验室，开展国际科技项目合作。此外，浙江政产学研各界联动，发起形成了中国—中东欧国家职业院校产教联盟、浙江—中东欧国家教育智库联盟、中东欧经贸合作智库联盟、中国—中东欧大学体育教育与研究联盟、中国—中东欧国家音乐院校联盟、中国（浙江）—中东欧跨境电商产教联盟等一批联盟机构，助力浙江与捷克等中东欧国家的教育合作不断走深走实。

（二）旅游合作基础良好，优势明显，复苏向好动力足

浙江与捷克等中东欧国家旅游合作基础良好，优势特色明显。中国（宁波）—中东欧国家旅游合作交流周活动规模大、层次高、参与面广，既为中东欧国家开拓中国旅游市场搭建平台，也推介了浙江独特的旅游资源和投资环境；"百团千人游中东欧"大型惠民活动促进了双方游客的持续"互输"，有助于建立更便捷高效的旅游渠道，切实提高旅游合作实效；浙东南中东欧双向旅游推广联盟成为长三角地区与中东欧旅游企业合作的枢纽，助力提升与中东欧国家旅游交流合作的层次；直飞捷克布拉格、匈牙利布达佩斯的货运航线先后开通，成为长三角地区赴中东欧国家客源进出的集聚地和主要旅游进出口岸。三年疫情给国际旅游带来不可估量的冲击，虽然 2022 年有所回暖，但仍不及疫情前水平。据世界旅游组织数据，2022 年全球出境旅游的游客人数较 2021 年翻番，但仅为 2019 年的 63%；据捷克国家旅游局数据，2022 年捷克游客人数较 2021 年增长 71%，但仍比 2019 年减少了 12%。浙江与捷克积极拓展旅游合作渠道，深入挖掘旅游资源，打造旅游特色品牌。2022 年 5 月，浙江省文化和旅游厅与中国驻捷克大使馆联合举办了"浙江省文化与旅游推广月"线上活动，历时近 1 个月，分展览、杂技、舞剧、民乐、交响乐、外国友人访谈、美食工作坊、点茶云课堂、戏曲等 9 种类型共 29 个线上节目，向捷克友人全面生动介绍了浙江深厚的文化底蕴和丰富的旅游资源，进一步打响"诗画浙江"品牌知名度，推动浙捷旅游合作交流与互鉴。2022 年底，我国开始逐步取消疫情相关的旅行限制，给国际旅游市场复苏带来极大利好，也将给浙江与捷克等中东欧国家的旅游合作注入新活力。

（三）文化交流形式多样，互动活跃，线上线下齐发力

浙江与捷克等中东欧国家文化交流形式多样，不仅搭建国际化实体场馆作为有力支撑，而且组织了各类聚焦中东欧国家元素的文化艺术交流活动，增进双方民心相连相通。由宁波市政府与文化和旅游部共建的索非亚中国文化中心是我国在中东欧地区开设的第一家中国文化中心，其作为"文化外交"重要窗口的作用不断体现，已成为国内团组到访中东欧的重要一站。浙江金

融职业学院先后建成捷克馆和中捷文化交流中心，逐步优化文化体验与交流环境，致力于打造浙江对捷克及中东欧国家的交流窗口。2022年5月，天一阁·月湖中东欧线上音乐会召开，其打破传统观演模式，采用线上慢直播方式，以中西器乐演奏形成艺术对话，推动中国和中东欧国家文化艺术的深度交流。10月，"魅力中东欧·2022中东欧好物宣传周"活动开启，通过在"中东欧示范区"视频号举办8场直播，扩大中东欧商品的文化影响力。该活动的特色在于通过对商品背后的文化和故事进行深入挖掘和解读，进而孵化出一批有市场独特竞争力和接受度的中东欧商品品牌。11月，"甬上海丝路，时尚中东欧"主题动态秀作为2022宁波时尚节的重要活动之一如期发布。这是一场融合中国与中东欧国家文化元素的主题时装秀，将海上丝绸之路始发港宁波最具地域特色的服装与丰富多样的中东欧国家民族纹样元素相融合，创作兼具东西方美感的服装造型。这不仅促进了浙江与中东欧国家的文化共鸣与艺术交融，也增进了双方人文交流与文明互鉴。

发展篇

2022 年捷克经济发展情况分析与趋势预测

内容提要

◆ 2022 年捷克经济发展概况

2022 年，受通货膨胀与能源危机等外部因素影响，捷克经济复苏势头受阻，经济增速明显放缓。全年 GDP 总值达到 67951.01 亿捷克克朗，同比增长 2.5%，较 2021 年增速放缓。经济总体表现为物价高涨、消费受抑、生产萎靡，货物进出口贸易有所增长，但增幅收缩，对 GDP 的拉动作用减弱。

工业尤其是制造业在捷克国民经济中占据重要地位，工业生产总值在 GDP 中占比却同比下降，其中，制造业的跌幅达到 1.4 个百分点。电力、热力、燃气工业领域生产下降。金融保险业，公共管理、教育、卫生和社会工作等服务业在 GDP 中的占比也出现下滑现象。

消费能力减弱，经济信心指数降低，消费者对未来经济持谨慎态度，家庭消费需求增长放缓。政府希望通过激励投资拉动经济增长，但固定资本形成回调乏力。货物进出口贸易更趋活跃，受能源危机影响进口增速明显，全年仅 1 月和 9 月贸易顺差额超过 10 亿美元。通货膨胀是 2022 年困扰捷克经济的最主要因素，全年通货膨胀率高达 15.1%。为抵御高通货膨胀率，捷克央行连续提高基准利率，已达到 1999 年以来最高水平。财政赤字有所减少。

◆ 捷克经济发展趋势预测

2023 年，捷克将继续受困于俄乌冲突、能源危机及居高不下的通货膨胀等负面因素影响，经济徘徊在衰退边缘。乐观估计其增长率将达到 0.5%，通货膨胀率将降至 11.2%，失业率则可能继续升高至 3.7%。

2023 年捷克经济面临诸多挑战，经济复苏面临以下不利因素：高通货膨胀依旧是经济复苏的"紧箍咒"；"美元荒"加剧全球金融风险、抑制贸易往来；能源供给不足仍是经济安全的"扰动器"；劳动力紧缺依旧侵蚀捷克的制造业根基。可以把握的有以下有利因素：经济面基本健康，支撑工业及服务业回暖；欧盟资金注入，推动绿色与数字化转型；国际市场恢复，外贸有望加大 GDP 贡献率。

捷克2022年经济复苏势头受阻，增速明显放缓。其全年GDP总值达到67951.01亿捷克克朗，同比增长2.5%。受通货膨胀与能源危机等外部因素影响，2022年捷克经济主要表现为物价高涨、消费受抑、生产萎靡；货物进出口贸易较2021年有所增长，但增幅不如以前，对GDP的拉动作用减弱。2023年，俄乌冲突仍久拖未决，能源危机、物价飙升等负面影响不断累积，捷克经济走向充满不确定性。预计2023年捷克将处于衰退的边缘，乐观估计经济增长可达0.5%，物价水平继续高位运行，全年仍将保持两位数的通货膨胀率。当前，捷克经济发展面临诸多不利因素，如高通货膨胀困扰、全球金融风险加剧、能源危机持续及人口老龄化等。与此同时，捷克如能有效把握好经济基本面健康、欧盟资金注入及国际市场需求恢复等有利因素，经济将逐步呈现复苏态势。

一、2022年捷克经济发展概况

（一）2022年捷克经济再遇挑战，复苏势头再次受阻

2022年，捷克国内生产总值（GDP）达到67951.01亿捷克克朗（按年平均汇率23.36折合2908.86亿美元，下同），同比增长2.5%，低于欧盟委员会4.4%和捷克财政部3.9%的增长预期，与2021年相比增速有所放缓（如图2-1所示）。依据2015年不变价格计算，2022年实际GDP总量为53184亿捷克克朗，经济社会生产水平已恢复至2019年疫情前水平。

统计数据可以选择剔除物价因素，对比生产量的变化情况，能够更清晰反映物价因素对经济发展的影响程度。拆分2022年捷克季度GDP增速可以

很好地验证这一影响。分季度看，以当期价格计算的捷克季度 GDP 增长率均在 10%以上，一至四季度增长率依次为 11.3%、10.6%、11.5%和 11.5%。若采用剔除价格因素的 GDP 量指数（volume indices）来衡量，2022 年一至四季度捷克 GDP 的增长率则依次仅为 4.7%、3.5%、1.5%和 0.3%，即捷克一至四季度的实际生产能力增速不断收窄。由此可见，在物价发生剧烈波动时，以当期价格计算的 GDP 增长率明显虚高。事实上，通货膨胀是影响 2022 年捷克经济走势的最主要因素。俄乌冲突造成能源价格上涨，成为引发多米诺骨牌效应的导火索。原材料价格的上涨、运输成本的上升、高企的企业生产成本，导致扩大生产的动力不足。消费品价格居高不下，居民生活成本增加，消费乏力，居民消费支出较 2021 年萎缩 0.9 个百分点。尽管政府有心扩大支出以拉动经济，但 2022 年整体消费对 GDP 增长无法形成拉动效应。GDP 增长更多依靠扩大投资实现。

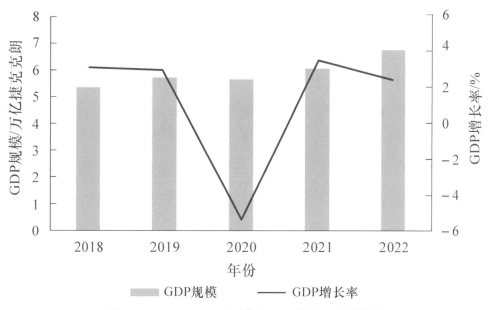

图 2-1   2018—2022 年捷克 GDP 规模及其增长率

（数据来源：捷克统计局）

注：GDP 规模是当年价格数据，增长率依据 2015 年不变价格数据，下同。

分行业看，2022 年捷克工业生产总值达到 17307.87 亿捷克克朗（折合 740.92 亿美元），占 GDP 的比重为 25.5%，较 2021 年下降了 0.5 个百分点（见

图2-2）。工业部门中，制造业是捷克国民经济支柱产业，2022年制造业生产
总值达到14393.93亿捷克克朗（折合616.18亿美元），占GDP的21.2%，较
2021年下降1.4个百分点。在物价涨幅如此明显的情况下，捷克制造业产值
占比不升反降，需引起警惕。据捷克统计局公布的数据，2022年电力、热力、
燃气工业领域生产下降，这与欧洲能源危机分不开。建筑业同比增长1.9%，
主要得益于土地和工程建设产量的增加，其中房屋建设增长1.5%，土木工程
增长1.0%，但建筑项目数量及总价值分别同比减少5.4%和1.6%。汽车工业
由于部分零部件供应困难，曾有低迷期，但是在2022年11月复苏，成为工
业增长的主力。根据捷克汽车工业协会发布的数据，2022年捷克乘用车产量

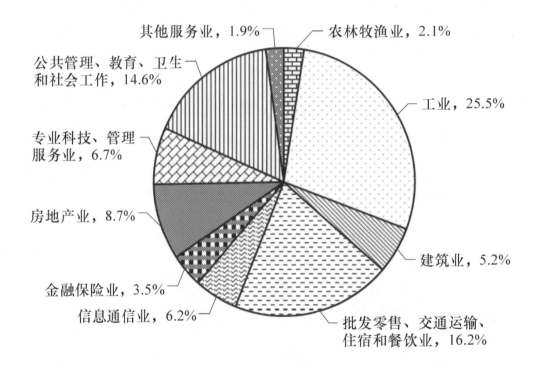

图2-2 2022年捷克GDP行业分布①

（数据来源：捷克统计局）

注：工业包括采矿业、制造业，以及电力、热力、燃气及水的生产和供应业。

---

① 在统计意义上GDP＝行业产值＋税收－补贴，所以数据百分比有9%左右的差额（税
收－补贴）。

同比增长 10.2%，但斯柯达产量同比仅增长 1.9%，远低于韩国现代（17.3%）和丰田标致雪铁龙（34.9%）的增速。与此同时，捷克新车销量同比下降 7.2%，二手车进口量下降 13.2%，为 2015 年以来最低。影响汽车产销的因素主要包括半导体材料持续短缺、乌克兰危机、供应链阻滞、能源和原材料价格上涨、全球市场的持续不确定性等。服务业领域中，GDP 占比出现下滑的行业包括金融保险业，公共管理、教育、卫生和社会工作。2022 年捷克金融保险业产值为 2384.20 亿捷克克朗（折合 102.06 亿美元），在 GDP 中的占比从 2021 年的 3.8% 下降至 3.5%；公共管理、教育、卫生和社会工作服务产值占 GDP 的比重则下滑 0.7 个百分点，降为 14.6%。除工业外，批发零售、交通运输、住宿和餐饮业在 GDP 中占比最高，2022 年服务产值达到 11018.31 亿捷克克朗（折合 471.67 亿美元），占 GDP 的 16.2%，较上年同期上升 0.4 个百分点，但不排除是由于物价因素的影响。

（二）内需仍是经济主要支撑力量，但谨慎情绪蔓延，经济信心指数降低

内需是捷克经济发展的重要支撑力量。如表 2-1 所示，2022 年捷克国内需求规模达到 68021.47 亿捷克克朗，同比增长 14.7%，为 GDP 总额的 100.1%。剔除汇率因素，内需对经济发展的支撑作用减弱。

消费方面，家庭消费增长，但物价因素影响明显；政府有意增加支出，又受限于缩减赤字的政策目标而左右为难。2022 年，捷克消费支出总额达到 45601.86 亿捷克克朗，同比增长 11.7%，占 GDP 总额的 67.1%，占比与 2021 年持平。其中，家庭消费支出达到 31297.35 亿捷克克朗，同比增长 15.2%，占 GDP 总额的 46.1%；政府消费支出 13736.48 亿捷克克朗，同比增长 4.8%，占 GDP 总额的 20.2%。考虑汇率因素后，以美元计价的捷克消费支出增速明显降低，其中政府消费支出甚至由正转负，调整为下降 2.9%，未能对 GDP 增长做出更大支撑。消费者对未来经济持谨慎态度。据捷克统计局发布的经济信心指数月度数据，2022 年消费者信心指数月度平均值为 75.5，远低于 2021 年的 92.1 和 2020 年的 96.9。

表 2-1　2022 年捷克国内需求对 GDP 贡献情况

需求项目	规模/亿捷克克朗	增长率/%（本币计价）	增长率/%（美元计价）	占比/%
国内需求总额	68021.47	14.7	6.4	100
●消费支出	45601.86	11.7	3.0	67.0
▲家庭消费支出	31297.35	15.2	6.1	46.1
▲政府消费支出	13736.48	4.8	−2.9	20.2
●资本形成	22419.61	21.5	14.0	33.0
▲固定资本形成	18377.54	15.7	9.4	27.0

（数据来源：捷克统计局）

投资方面，政府希望通过激励投资拉动经济增长，但固定资本形成仍回调乏力。2022 年，捷克资本形成总额为 22419.61 亿捷克克朗（折合 959.74 亿美元），同比增长 21.5%，占 GDP 总额的 33.0%，比重较 2021 年提高了 3 个多百分点。其中，固定资本形成 18377.54 亿捷克克朗（折合 786.71 亿美元），同比增长 15.7%，实际投资水平比 2021 年增长近 2500 亿捷克克朗，但以美元计价的固定资本形成却收缩了 74 亿美元。

（三）货物贸易更超活跃，受能源危机影响进口增速明显

2022 年，捷克货物贸易延续增长势头，但相比 2021 年超过 20% 的增速，2022 年增速明显回调，进口增长快于出口。如图 2-3 所示，2022 年捷克全年实现货物贸易总额 4781.43 亿美元，同比增长 8.6%。其中，出口 2418.79 亿美元，同比增长 6.4%；进口 2362.64 亿美元，同比增长 11.1%，与疫情前（2019 年）相比增长 26.1%。货物贸易在疫情限制措施放宽后逐渐恢复，政府的经济刺激政策发挥了积极的作用，其中进口快速增长的主要原因是受能源危机影响引发的能源商品进口大幅增长。

捷克是典型的外向型经济体，经济发展很大程度上依赖于国际市场，易

受到外部环境的影响。2022 年捷克出口依存度为 87.6%，进口依存度为 86.5%，均高于 2021 年。从贸易平衡看，根据捷克统计局发布的经过季节调整以后的贸易数据，2022 年捷克货物贸易顺差为 56.15 亿美元，再次刷新历史新低。月度贸易差额波动震荡，仅 1 月和 9 月顺差超过 10 亿美元，4 月、5 月、7 月和 8 月均出现贸易逆差。

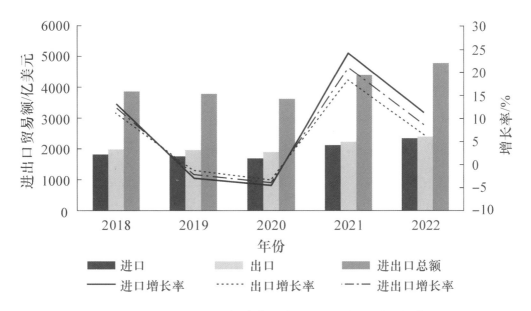

图 2-3　2018—2022 年捷克进出口贸易规模及其增长率

（数据来源：捷克统计局）

贸易国别方面，捷克 70% 的货物贸易依旧在欧盟内展开。2022 年捷克对欧盟 27 国出口 1972.27 亿美元，占其出口总额的 81.5%；自欧盟 27 国进口 1292.45 亿美元，占其进口总额 54.7%。分国别来看，2022 年捷克出口目的国前 5 位依次为德国（32.7%）、斯洛伐克（8.4%）、波兰（7.1%）、法国（4.7%）和奥地利（4.4%）；进口来源国前 5 位依次为德国（19.8%）、中国（18.7%）、波兰（8%）、俄罗斯（4.8%）和斯洛伐克（4.2%）。值得注意的是，尽管俄乌冲突后捷克对俄罗斯采取了一系列制裁措施，但 2022 年俄罗斯却从捷克的进口来源国第 6 位跃升至第 4 位，进口额从 2021 年的 70 亿美元增加至 2022 年 113.74 亿美元，自俄罗斯进口占捷克进口额的比重从 2021 年的 3.3% 增加至 2022 年的 4.8%。德国仍然是捷克最大的贸易伙伴，双方贸易额占捷克外贸总额的 26.4%。中国依然是捷克第 2 大进口来源国，出口位次从第 17 位上升至第 16 位。全年中捷双边货物贸易金额为 470 亿美元，同比增长 22.4%，占捷克外贸总额的 9.8%。其中，捷克向中国出口货物 27 亿美元，同比下降 10%；自中国进口货物 443 亿美元，同比增长 25.1%，对华贸易逆差 416 亿美元。

贸易商品方面，得益于雄厚坚实的工业基础，机械和运输设备成为捷克第一大类贸易商品。如表 2-2 所示，2022 年捷克出口前 10 位商品合计出口额占同期捷克出口总额的 66.7%，主要分布在机械和运输设备、按原料分类的

表 2-2　2022 年捷克出口前 10 位商品

序号	商品名称	所属大类	金额/亿美元	占比/%
1	道路车辆（包括气垫式）	机械和运输设备	425.14	17.6
2	电气机械、器具及零件	机械和运输设备	253.62	10.5
3	电信及录音设备	机械和运输设备	200.77	8.3
4	办公用机械及自动数据处理仪器	机械和运输设备	172.71	7.1
5	通用工业机械设备	机械和运输设备	148.80	6.2
6	杂项制品	杂项制品	118.62	4.9
7	金属制品	按原料分类的制成品	111.35	4.6
8	特种工业专用机械	机械和运输设备	66.20	2.7
9	钢铁	按原料分类的制成品	64.97	2.7
10	电流	矿物燃料、润滑剂及相关材料	50.85	2.1

（数据来源：捷克统计局）

注：贸易商品按照 SITC 二位数编码进行分类，下同。

制成品、杂项制品三项贸易大类中。前 5 位出口商品均属于机械和运输设备类，合计出口额占捷克出口总额的 49.7%。其中，道路车辆是最受国际市场欢迎的捷克商品，出口额达 425.14 亿美元，约占捷克出口总额的 17.6%。对中国而言，2022 年捷克向中国出口的前 3 位商品依次是电气机械、器具及零件，通用工业机械设备，专业仪器、科学仪器和控制设备。这些商品均代表了捷克在机械设备、电气电子、精密仪器、光学元件等行业的较强竞争力。此外，捷克在生物医药、纳米材料、芯片制造、新能源等先进科学领域具有优势地位。应对气候变化是世界各国共同的使命，推动能源转型也是全球共同面临的命题。中捷两国未来在绿色技术、绿色能源与绿色投资等方面也有大量合作机会。

2022 年，捷克进口前 10 位商品如表 2-3 所示，合计进口额占同期捷克进口总额的 59.5%。与出口类似，前 5 位进口商品均为机械和运输设备类，且商品类目完全重叠，合计进口占比达 39.5%，这表明机械和运输设备类产业内贸易相当活跃。俄乌冲突引发的能源紧张导致捷克能源产品进口暴涨，2022 年天然气进口量从 2021 年的 36.33 亿美元激增至 2022 年的 98.72 亿美元，增长 171.7%。石油、石油产品及相关材料的进口规模也从 2021 年的 66.52 亿美元增加至 92.82 亿美元，同比增长 39.5%。对中国而言，2022 年捷克自中国进口的前 3 位商品依次是电信及录音设备、办公用机械及自动数据处理仪器和电气机械、器具及零件，进口额分别为 149.3 亿美元、95.8 亿美元和 78.9 亿美元，占捷克自中国进口总额的 33.7%、21.6% 和 17.8%。其中，电信及录音设备、和电气机械、器具及零件同比分别增长 48.8% 和 54.8%，办公用机械及自动数据处理仪器与 2021 年基本持平。

表 2-3　2022 年捷克进口前 10 位商品

序号	商品名称	所属大类	金额/亿美元	占比/%
1	电气机械、器具及零件	机械和运输设备	282.81	12.0
2	电信及录音设备	机械和运输设备	205.29	8.7

续表

序号	商品名称	所属大类	金额/亿美元	占比/%
3	道路车辆（包括气垫式）	机械和运输设备	193.50	8.2
4	办公用机械及自动数据处理仪器	机械和运输设备	144.95	6.1
5	通用工业机械设备	机械和运输设备	105.54	4.5
6	钢铁	按原料分类的制成品	103.72	4.4
7	天然气及人造气	矿物燃料、润滑剂及相关材料	98.72	4.2
8	杂项制品	杂项制品	97.81	4.1
9	石油、石油产品及相关材料	矿物燃料、润滑剂及相关材料	92.82	3.9
10	金属制品	按原料分类的制成品	80.81	3.4

（数据来源：捷克统计局）

（四）通货膨胀持续攀升，基准利率升至 1999 年以来最高水平

2022 年，捷克通货膨胀率持续攀升。如图 2-4 所示，2022 年捷克通货膨胀率为 15.1%，较 2021 年上升了 11.3 个百分点，为 1993 年捷克独立以来通货膨胀率最高的一年。从月度数据看（见图 2-5），2022 年伊始，捷克通货膨胀率即高开高走，1 月通货膨胀率已达 9.9%，随后持续走高，1—4 月从 9.9% 攀升至 14.2%。随后增势不减，至第三季度末已达 18.0%。从具体行业看，2022 年捷克食品价格上涨 16.7%，服装鞋帽价格上涨 18.6%，因能源危机引发的水、电、气价格及运输价格分别上涨 19% 和 18%，餐饮住宿价格涨幅最高达到 21%。9 月通货膨胀率触顶回落，10—12 月缓慢下降，2022 年 12 月锁定在 15.8%。价格回落并没有形成稳定降势，2023 年捷克月度通货膨胀率重新

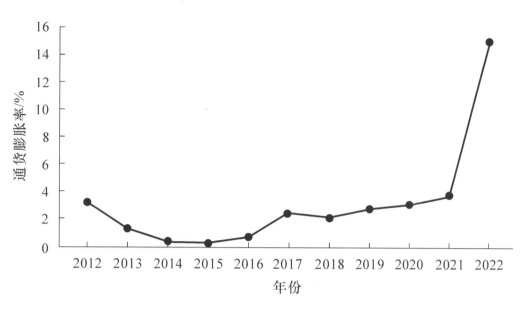

图 2-4　捷克通货膨胀率变化

（数据来源：捷克统计局）

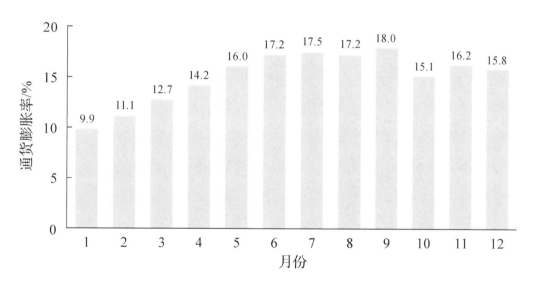

图 2-5　2022 年捷克通货膨胀率月度变化

（数据来源：捷克统计局）

抬头。根据捷克统计局最新发布的数据，截至 2023 年 5 月，捷克通货膨胀率已达 15.8%，成为欧盟成员中通货膨胀最严重的国家之一。根据欧盟统计局数据，以 2015 年物价水平为基数，2022 年捷克物价水平指数已达 132.1%，在欧盟成员中仅好于立陶宛、匈牙利和爱沙尼亚 3 国。根据捷克央行的预测，2023 年捷克通货膨胀率将达到 11.2%，2024 年有望回归正常，预计通货膨胀率将回落到 2.1%。

为了抑制通货膨胀，捷克央行自 2020 年 5 月起连续调高基准利率，仅 2022 年已 4 次加息（见图 2-6）。最新一次调整发生在 2022 年 6 月，捷克央行将基准利率提高至历史新高 7%，这是自 1999 年 5 月以来的历史最高水平。经过此次调整，捷克的基准利率在两年内迅速由 0.25% 激增至 7%。然而，基准利率的提高并未缓解输入型通货膨胀，反而抑制了企业投资需求，增加了企业经营成本，使捷克经济面临滞胀风险。

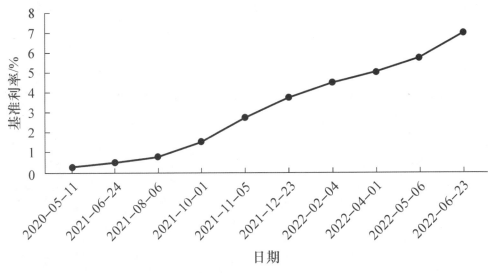

图 2-6　捷克基准利率调整（2020 年 5 月—2022 年 6 月）

（数据来源：捷克央行）

降低财政赤字规模是捷克现政府的执政纲要之一。2022 年，捷克财政赤字达 3604 亿捷克克朗（折合约 154 亿美元），较 2021 年财政赤字减少了 593 亿捷克克朗（折合约 25 亿美元）。捷克财政赤字的减少主要源于疫情防控政策的解除和税收的增加。根据捷克财政部发布的数据，2022 年捷克国家税收收入总计 1.18 万亿捷克克朗（折合约 507 亿美元），同比增长 13.2%。除道路税外，增值税、企业所得税、个人所得税和消费税均有不同程度的增加。其中，增值税同比增长 15.6%，企业所得税同比增长 17.3%。2022 年捷克公共财政赤字占 GDP 的比重为 5.3%，低于 2021 年的 5.9%；政府债务占 GDP 的比重为 42.7%，比 2021 年略有上升。因此，捷克仍是欧盟负债最少的国家之一。2023 年捷克进一步控制政府预算规模，捷克财政部在 2022 年 9 月批准中央政府预算草案，预计 2023 年财政赤字为 2950 亿捷克克朗。

二、捷克经济发展趋势预测

（一）总体趋势

2023 年，捷克将继续受困于俄乌冲突、能源危机及居高不下的通货膨胀等负面因素影响，经济将徘徊在衰退边缘。捷克央行的预测相对乐观，如表 2-4 所示，2023 年 5 月的最新预测数据显示，2023 年捷克经济预计增长 0.5%，比 2023 年 2 月的前期预测数据上调了 0.4 个百分点。从 GDP 组成看，捷克央行认为，由于高通胀导致家庭实际工资下降，家庭消费将会大幅下降。2023 年对家庭和企业来说将是艰难的一年，全球经济面临的一系列风险仍然

表 2-4　捷克 GDP 增速最新预估调整（2021—2024 年）

年份	2021 年	2022 年	2023 年	2024 年	2023 年	2024 年
			最新预测		前期预测	
GDP 增速/%	3.3	2.5	0.5	3.0	0.1	1.9

（数据来源：捷克统计局、捷克央行）

注：2021 年和 2022 年数据为捷克统计局数据；2023 年和 2024 年数据为捷克央行预测数据，其中最新预测数据为 2023 年 5 月预测数据，前期预测数据为 2023 年 2 月预测数据。

存在。捷克财政部 6 月发布的最新预测也将捷克 2023 年 GDP 增长率从前次预测的 0.1% 提高至 0.3%。捷克央行还预测，2023 年通货膨胀率将从 2022 年的 15.1% 降至 11.2%，2024 年降至 2.1%；失业率将从 2022 年的 3.4% 增加至 2023 年的 3.7%，2024 年将进一步增加至 4.2%；公共财政赤字占 GDP 的比重 2023 年将达到 3.9%，2024 年将降至 2.5%；政府债务占 GDP 的比重 2023 年和 2024 年将分别达到 44.0% 和 44.2%。捷克财政部对通货膨胀率和失业率的预测值要比捷克央行乐观。捷克财政部预测，2023 年通货膨胀率将降至 10.9%，失业率有望降至 3.0%。

多家国际机构也对 2023 年捷克经济增长进行了不同程度的预测，与捷克央行和财政部的预测相比，国际机构的预测更加保守。欧盟委员会预测 2023 年捷克 GDP 增长率为 0.2%，在欧盟成员中居倒数第 5 位，其经济增长的主要驱动力来自投资增长，而家庭消费将停滞，净出口对经济的影响为中性。欧洲复兴开发银行（EBRD）、国际货币基金组织（IMF）、经济合作与发展组织（OECD）三家机构的预测更为悲观，均预测 2023 年捷克将陷于温和衰退，GDP 增长率预测值分别为−0.1%、−0.5% 和−0.1%。IMF 还预计，2023 年捷克的失业率将达到 3.5%。OECD 称，捷克将继续与高通胀做斗争，预计 2023 年通货膨胀率为 13.0%，2024 年降至 4.2%。

据捷克统计局 2023 年 4 月发布的初始数据，2023 年一季度捷克 GDP 同比下降 0.2%，环比增长 0.1%。如图 2-7 所示，自 2020 年疫情以来，捷克经济信心严重受挫，2020 年 5 月经济信心指数跌至谷底的 77.2 点，随后逐步回升，2021 年 6 月回升至 104.3 点，随后逐步出现差异化震荡。俄乌冲突的爆发虽然对经济信心指数造成影响，但影响程度远不及疫情。工业和服务业信心指数均在 2022 年 5 月达到近期峰值，随后震荡下行。服务业信心指数先于工业信心指数呈现回暖迹象，2023 年 5 月服务业信心指数已回升至 97.6 点。工业信心指数震荡幅度大于服务业信心指数，2023 年 4 月回升至 100.0 点，但 5 月再度下挫至 91.8 点。相比较而言，建筑业信心指数在高位下行区间，2023 年第二季度略有回暖。消费者信心指数则在低位徘徊，自 2022 年 3 月以来，几乎在 90.0 点以下震荡。2023 年 5 月，消费者信心指数恢复至 88.5 点，与 2022 年 3 月大体持平，消费动力恢复仍需假以时日。贸易信心指数在经济信心各项分指数中表现相对较为平稳，2023 年 4 月贸易信心指数回升至 100.2 点。

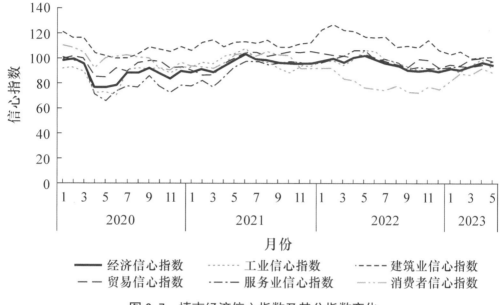

图 2-7　捷克经济信心指数及其分指数变化

（数据来源：捷克统计局）

（二）不利因素

1. 高通货膨胀依旧是经济复苏"紧箍咒"

2022 年全球范围内通货膨胀蔓延，世界主要经济体通货膨胀率显著上行，2023 年尚未看到扭转迹象。据 IMF 估算，2022 年世界平均消费物价指数增长 8.8%，是 21 世纪以来的最高水平。2022 年，美国全年通货膨胀率约为 8.1%，为 40 年来的最高水平；欧元区全年平均通货膨胀率约为 8.3%，为 1992 年以来的最高水平；欧洲新兴经济体全年平均通货膨胀率更是高达 27.8%。全球此轮通货膨胀蔓延主要受四方面因素影响：一是俄乌冲突引发的全球能源价格、食品价格上涨，引发成本型通货膨胀。2022 年 6 月，布伦特原油平均价格为每桶 112.5 美元，同比增长 40% 以上。2022 年食品、大宗商品涨幅为 2008 年以来最高，小麦价格上涨超 40%。二是疫情导致的全球供应链阻滞逐渐恢复，但供应链区域化、短链化、近地化趋势加强，导致生产成本上涨。如由于疫情及地缘政治冲突加剧导致全球半导体材料供不应求，芯片短缺成为汽车、手机制造等行业的重要关切。三是劳动力紧缺程度加剧，劳动力成本迅速增长，工资水平不断攀升，进一步推高成本型通货膨胀。四是疫情后全球需求逐渐恢复，需求增长快于供给恢复，引发商品及服务价格上涨。上述四方面通货膨胀诱因并未缓解，全球范围内通货膨胀压力依旧高企。捷克经济同样受困于高涨的通货膨胀。2023 年 3 月是捷克自 2022 年 4 月以来通货膨胀率最低的月份，即便如此，当月电力价格同比上涨 29.6%，固体燃料价格同比上涨 53.7%，供热（暖气和热水）价格同比上涨 44.6%。同时，食品和非酒精饮料价格同比上涨 23.5%，其中大米上涨 32.9%，面粉上涨 33%，猪肉上涨 34%，牛奶上涨 45%，鸡蛋上涨 75.5%，蔬菜上涨 30%，糖飙升 97.6%。2023 年捷克经济仍需严肃应对高通货膨胀的压力。

2. "美元荒"加剧全球金融风险、抑制贸易往来

美联储加息缩表引发"美元荒"，给全球金融市场带来风险隐患，同时对汇率市场及贸易往来造成冲击。IMF 在 2023 年 4 月发布的《全球金融稳定报告》指出，全球金融体系的韧性面临多重考验，金融稳定风险显著上升。一方面，全球通胀引发各国央行竞相提高利率，平抑物价。美联储超预期执行货币紧缩政策，不断提高利率水平，致使国际资本大量流入美国，全球范围内出现"美元荒"。另一方面，全球利率水平提高，引发全球金融市场财富格局发生动荡。2022 年 12 月，美国纳斯达克指数相比年初下跌 31.6%，标普 500 指数下跌 19.2%，道琼斯工业指数下跌 9.4%，欧洲斯托克 50 指数下跌 11.5%，日经 225 指数下跌 4.4%，全球金融市场财富大幅度缩水。2023 年 3 月美国硅谷银行、第一共和银行等银行宣布倒闭，瑞士信贷银行被瑞银集团收购，一度引发金融市场动荡。同时，金融市场变化引发国际货币汇率大调整。2022 年美元大幅升值，相对走强。相对美元，欧元贬值 6.9%，英镑贬值 10.3%，日元贬值 18.8%，捷克克朗贬值 7.7%，部分新兴市场货币也出现严重贬值，比如阿根廷比索贬值 40.5%，土耳其里拉贬值 30.3%。货币的大幅度贬值会增加新兴经济体的输入型通货膨胀压力，也增加国家外债风险，进而进一步加剧全球经济运行风险。国际信用评级机构穆迪公司（Moody's）将捷克银行业前景评级从稳定下调为负面，预计银行贷款质量将下降，盈利能力降低，融资渠道也将萎缩不畅。

3. 能源供给不足仍是经济安全"扰动器"

欧洲深陷能源危机泥沼，自 2021 年起欧洲天然气短缺和电力供应短缺问题日益严重，进而迅速向煤炭、石油等能源领域扩散。2022 年俄乌冲突爆发，欧洲能源危机进一步加剧。俄罗斯在全球能源领域拥有举足轻重的地位，是世界上最大的天然气出口国、石油产品出口国和第三大煤炭出口国。俄乌冲突前，俄罗斯石油日产量约 1130 万桶，天然气产量达 7620 亿立方米，煤炭年出口量达 2.6 亿吨。石油方面，尽管西方对俄罗斯的石油出口实施了制裁，但 2022 年俄罗斯的石油出口量保持在俄乌冲突前的 97%。对于欧盟而言，石油日进口需求量仍达 210 万桶，市场供应明显不足。2022 年，全球石油价格上涨了 30.4 美元/桶。天然气方面，2022 年欧盟的总体天然气需求下降约 10%，但从俄罗斯进口的天然气总量仍达 600 亿立方米左右。2023 年，欧盟仍将面临严峻的能源短缺。一方面，俄罗斯可能进一步减少对欧洲的能源供应，对欧洲的天然气供应量可能降为 0。另一方面，随着中国经济的复苏，全球能源市场的供求缺口将进一步加大，其他能源出口国的产量供应仍显不足，全球能源竞争将进一步加剧。此外，2022 年欧洲国家动用的储能设备已至极限，进一步增加储能规模空间有限。根据国际能源署（IEA）预测，2023 年欧洲天然气缺口将在 570 亿立方米，需要通过提高能源效率、安装可再生能源、鼓励消费者转变能源消费习惯等措施加以弥补。对捷克而言，降低对俄罗斯能源的依赖任务艰巨。在俄乌冲突前，捷克的化石燃料、石油和天然气进口中分别有 25.2%、36.8% 和 92.1% 来自俄罗斯。为降低对俄罗斯能源的依赖，捷克也出台了系列政策，通过了《能源法》修正案，采取恢复部分煤电生产，增加太阳能光伏、生物能源和风能发电份额，增加天然气紧急储气库，增加进口和使用双向跨境互联点，建设能源社区等举措缓解能源紧张。2023 年对于捷克及欧洲其他国家仍然是一场能源考验。

4. 劳动力紧缺依旧侵蚀捷克制造业根基

2017 年以来，捷克一直受困于劳动力紧缺问题。捷克自 1993 年独立建国以来，失业率在 2000 年达到峰值 8.8%，随后震荡下行，直至 2017 年首次突破 3%，一直持续至今。疫情期间，捷克依旧保持低失业率，2020 年至 2022 年三年的失业率仅分别为 2.6%、2.8% 和 2.3%。根据捷克统计局最新数据，2023 年第一季度捷克失业率仍维持在较低水平，为 2.6%。近年来，劳动力供给不足一直是制约捷克经济发展的主要因素之一。劳动力短缺势必引发工人工资上涨，增加企业经营成本，降低出口竞争优势。捷克工人平均工资已由 2017 年 1 月的 28034 捷克克朗提高至 2023 年 1 月的 41265 捷克克朗，增幅达到 47.2%。然而，捷克的劳动力供给状况却不容乐观。2022 年捷克 15—64 岁人口达到 686.9 万，全国人口创纪录达到 1082.8 万，较 2021 年增加了超过 30 万人，主要来自俄乌冲突期间接收的乌克兰难民。但适龄劳动力在全部人口中的占比已由 2000 年的 70% 下降至 63%，且有不断下降的趋势。根据波士顿咨询公司的研究报告，到 2040 年，捷克 50—65 岁人口数量将增加 36%，假设各年龄组就业率保持不变，因人口老龄化加剧，捷克劳动力市场供需缺口将由 2030 年的 19 万人增加至 2040 年的约 40 万人。到 2050 年，因人口老龄化和老年群体劳动力减少，捷克人均 GDP 将下降 16%。因此，缓解劳动力紧缺问题是捷克政府在相当长一段时间内亟待解决的难题。

（三）有利因素

1. 经济基本面健康，支撑工业及服务业回暖

宏观经济层面，捷克工业基础扎实，基础设施完善，市场透明度与成熟度相对较高，在汽车、机械设备、电子信息等产业具有竞争优势，是欧洲产业链的重要组成部分。瑞士洛桑国际管理学院发布的《2022 年全球竞争力报告》显示，捷克竞争力排名较前一年上升 8 位，至第 26 位，是自 2016 年以来的最佳排名。竞争力大幅上升原因归于捷克劳动力教育水平高、劳资关系和谐、制造业基础雄厚、教育体系完善等优势。这些因素均使得捷克经济富有弹性，有助于帮助捷克复苏。世界知识产权组织发布的《2022 全球创新指数报告》从国家制度、人力资本、基础设施、市场成熟度、商业成熟度、知

识和技术产出、创意产出等方面对世界各国进行了排名。捷克创新指数在全球排名第 30 位，在欧洲组位列第 19 位。欧洲职业培训发展中心发布的《2022 欧洲技能指数报告》从技能发展、技能激活、技能匹配三个维度度量欧洲各国的技能水平，结果显示捷克连续三年位列欧洲第一。加拿大弗雷泽研究所发布的《世界经济自由度 2022 年度报告》显示，捷克在政府监管、法制建设、市场开放等方面较为透明和自由，其经济自由度在 165 个经济体中排名第 21 位，在 V4 国家中位居第一。捷克经济此轮陷入温和衰退，主要受外部因素影响。其自身实体经济支撑面依旧坚实，将为捷克走出衰退提供动力。

2. 欧盟资金注入，推动绿色与数字化转型

欧盟资金是捷克经济重要的资金来源，疫情后欧盟资金的注入对捷克经济复苏发挥了更重要的作用。受新冠疫情冲击，欧盟委员会制订了"欧盟下一代"全面复兴计划，设立 7500 亿欧元专项经济复苏基金，并将其纳入欧盟长期预算，使得欧盟 2021—2027 年预算规模达到 1.85 万亿欧元。2020 年 7 月，欧盟委员会批准了捷克国家复苏计划，根据该复苏计划，捷克将从欧盟获得 1800 亿捷克克朗（约合 70 亿欧元）的复苏基金，用于支持经济复苏、刺激私营部门的投资及加强医疗体系的建设，并重点推动绿色新政和数字化转型，以提高经济韧性。捷克将复苏基金重点投放在高容量的数字基础设施和技术、高效能源的生产和使用、可持续交通基础设施等领域。欧盟资金的注入，带动了绿色交通、绿色能源及数字化领域的市场力量。捷克政府也积极发布可再生能源消费补贴等鼓励政策，进一步推动绿色能源消费，拉动相应产业发展。捷克可再生能源商会（Komora OZE）表示，2022 年捷克投入使用的新光伏系统和热泵分别超过 3.3 万个和 5 万个，创历史纪录。预计 2023 年捷克将进一步新增 10 万至 20 万名购买光伏系统或热泵的新客户，数量超过 2022 年。此外，捷克还启动了南波西米亚核工业园区建设项目，预计于 2032 年完成捷克第一个小型模块化反应堆建设。除复苏基金外，捷克还从"欧盟下一代"复兴计划中获得了其他资金支持，如欧盟"公平过渡基金"向捷克提供 16.4 亿欧元补贴，以支持捷克卡罗维发利（Karlovy Vary）、乌斯季

（Ústecký kraj）和摩拉维亚—西里西亚（Moravskoslezský kraj）等产煤地区向清洁能源过渡。

3. 国际市场恢复，外贸有望加大 GDP 贡献率

世界经济在疫情、俄乌冲突和地缘政治冲突的多重打击下遭遇严峻考验。随着时间的推移，疫情对世界经济的冲击有所减缓，生产正在逐步恢复，部分国家的消费反弹强劲。俄乌冲突战事不决，但市场的恐惧情绪已得到一定程度的释放，社会生活开始慢慢恢复正常。捷克的外贸出口呈现出回暖迹象，2023 年 1 至 4 月，捷克出口规模由 2022 年同期的 794.6 亿美元增加至 864.7 亿美元，同比增长 8.8%，向 39 个国家或地区的出口规模同比增长，其中增幅在 10% 以上的国家有 25 个，占捷克同期出口总额的 65% 以上。捷克最大的贸易伙伴德国 2023 年 1 月至 4 月自捷克进口 287.9 亿美元，同比增长 10.3%。其他的主要贸易伙伴，如波兰、法国、西班牙、匈牙利、罗马尼亚等均有 10% 以上的进口增幅。外贸对捷克至关重要，国际市场的恢复将为捷克经济复苏注入动能。自 2023 年 1 月起，捷克对外贸易恢复顺差，顺差规模逐月增加，而且捷克对欧盟成员一直保有较高的贸易顺差，这对捷克的 GDP 增长起到了重要的支撑作用。

专题篇

捷克航空工业发展分析

内容提要

◆ 捷克航空工业发展现状

捷克航空工业已有百年历史，产业链完整，由研发机构、设计与工程企业、制造商、保养与维修服务商及运营与服务供应商五个关键参与方组成，已经实现上下游全覆盖。企业国际影响力大，是综合能力强、能开展飞机自主研发与制造的龙头企业。另外，各个航空细分领域也涌现出一批世界知名的骨干企业。对外贸易联结紧密，涉及飞机、发动机和零部件等各类航空产品，欧盟内外贸易市场的贸易产品有所差异。投资环境和条件良好，基础设施发达，机场网络密集度高，同时开放式的外资环境也是关键因素。融合应用赋能效应显现，数字技术应用、先进材料和制造工艺的融合等重要领域逐步发展。

◆ 捷克航空工业发展前景

捷克是全球为数不多能在本土生产和研发飞机的国家之一。一方面，航空工业具有独特的发展优势，主要体现在行业协会、产业集群、政府政策、市场需求、教育培训、研发创新等处；另一方面，航空工业也面临着不少问题和挑战，主要体现在自然环境、地缘政治、信息技术、人力资源等处。近年来，捷克航空工业与时俱进，在无人机、电动垂直起降飞行器等先锋领域不断开拓创新。展望未来，捷克航空工业作为其支柱型高科技行业，涵盖捷克创新战略的9个方面，将积极践行捷克"未来之国"的经济愿景，乘势而上，把握契机，持续在全球航空工业领域发挥重要作用。

捷克航空工业历经百年，是捷克的传统优势产业，其发展一直走在欧洲前沿。在过去百余年间，捷克逐步建立起享誉世界的航空工业，是全球为数不多具备"自主"完成从飞机的基础生产到最终组装的国家之一。得益于享有核心技术竞争优势、高技能的劳动力、良好的监管环境及政府对创新的高度重视，捷克航空工业发展迅猛，制造体系不断完善。卓越的品质、可靠的性能及一流的创新力让捷克航空工业备受瞩目，各大品牌也以创新型产品和服务闻名于世。目前，捷克航空工业具备世界尖端飞机引擎的研发能力，是全球制造飞机发动机和超轻型飞机的强国之一。

一、捷克航空工业发展现状

（一）产业链上下游全覆盖

在 20 世纪初飞机发明不久后，捷克便拥有了飞机工厂和发动机厂并绵延至今。捷克拥有完整的飞机生产链条，生产类型包括小型运输飞机、教练机和轻型战斗机、体育和农业飞机、超轻型飞机及滑翔机。除传统的喷气教练机、轻型战斗机之外，捷克主要生产民用、运动和私人小型飞机，是欧洲仅次于德国的超轻型飞机生产国。世界上售出的超轻型飞机有四分之一是由捷克生产的。值得一提的是，捷克生产用于大型运输机、军用飞机、轰炸机和直升机的高质量零部件的能力处于世界前列。根据捷克投资局的数据，在一百多年的历史中，捷克航空工业共制造了 3.2 万架飞机和 3.7 万台发动机。经过百余年的积累与沉淀，捷克航空工业通过灵活开展对外合作、转包生产等业务，已将捷克从大众认知中的"小国"转变成为全球航空制造产业链上颇为重要的参与者。

捷克航空产业链覆盖飞机制造和服务的各个环节，参与者众多，相互依存度高，覆盖面广。其产业链主要由 5 个关键参与方组成，包括研发机构、设计与工程企业、制造商、保养与维修服务商及运营与服务供应商。

1. 研发机构

研发阶段为产业创新和技术进步奠定基础，对航空工业的发展影响深远。捷克拥有多个世界级的研发机构和研究中心，包括捷克理工大学（Czech Technical University）、航空航天工程研究所（Institute of Aerospace Engineering）、捷克航空航天研究中心（Czech Aerospace Research Centre）等。这些机构持续对航空工业领域的各个方面开展尖端研究，如空气动力学、材料科学、推进系统等。

2. 设计与工程企业

捷克的飞机设计与工程行业有着百年的历史。早在 20 世纪 20 年代，捷克设计的飞机样式就被欧洲许多国家广泛应用。凭借着可靠的质量和创新的设计，捷克的飞机设计与工程企业不断开拓国际市场，并且取得了非常出色的经营业绩。捷克的飞机设计与工程企业主要包括：阿埃罗·沃多霍迪公司（Aero Vodochody）、PBS 公司（První brněnská strojírna Velká Bíteš）、捷克运输机械制造厂（České Dopravní Strojírny）和霍尼韦尔航空航天公司（Honeywell Aerospace）。

3. 制造商

捷克是许多世界级制造商的大本营。飞机制造商拥有最先进的技术和生产设备，严格按照航空航天行业标准生产优质产品。捷克的飞机制造商主要包括：阿埃罗·沃多霍迪公司、通用电气捷克航空公司（GE Aviation Czech）、霍尼韦尔航空航天公司和 PBS 公司等。

4. 保养与维修服务商

除了飞机制造外，捷克在飞机保养和维修方面的服务能力也处于世界领先水平，为飞机在整个生命周期内维持高品质、安全性和适航标准提供了重要保障。捷克的飞机保养与维修服务商主要包括：捷克技术服务公司（Czech Technical Service）、捷克空客服务公司（Airbus Services Czech Republic）、LOM 布拉格公司（LOM Praha）和霍尼韦尔航空航天公司。

5. 运营与服务供应商

捷克航空公司（Czech Airlines）是欧洲历史最悠久的航空公司之一，从 1923 年起就开始为客户提供服务。得益于百年空中运输运营经验，捷克航空公司从诸多航空公司中脱颖而出，成为该领域的首选服务供应商。作为捷克境内的旗舰航空承运商，捷克航空公司提供从捷克首都布拉格至 45 个国家或地区的 90 多个目的地的航空服务。尤其是欧洲直航航班构成的全面网络，确保了最短的运输时间，成为捷克航空公司的主要竞争优势。

（二）企业国际影响力大

航空工业在捷克工业体系内的规模相对较小，但其产业规模和重要性持续提升，拥有众多世界级的飞机制造商和供应商。据捷克统计局最新数据，捷克其他运输工具和设备（包括航空工业）的生产活动占全国经济增加值总额的比重约为 0.6%，其中航空工业占 1/3。捷克航空工业拥有 120 多家相关企业和超 2 万名专业技术人员，涵盖各类大型传统公司及规模较小初创企业。中捷克州（Středočeský kraj）是捷克航空工业最集中的地区，目前有 7 家飞机制造企业，其中包括欧洲最大的飞机制造商之一阿埃罗·沃多霍迪公司。另有几家规模较小的航空航天公司分布在全国各地，包括帕尔杜比采（Pardubice）、赫拉德茨·克拉洛韦（Hradec Králové）和俄斯特拉发（Ostrava）等城市。这些企业为捷克航空工业做出了重大贡献，助力捷克成为全球航空市场的佼佼者。

1. 阿埃罗·沃多霍迪公司

阿埃罗·沃多霍迪公司成立于 1919 年，专注于军用和民用飞机的设计和生产，主要生产基地位于布拉格东区的沃多霍迪机场（Vodochody Airport）。阿埃罗·沃多霍迪公司是世界上历史最悠久的飞机制造企业之一，也是捷克规模最大的航空工业公司。在军用飞机领域，阿埃罗·沃多霍迪公司是世界多国空军长期可靠的合作伙伴，曾因生产 L-39 和 L-159 喷气式教练机和轻型战斗机享誉全球。阿埃罗·沃多霍迪公司具有各种气候（热带、沙漠、海岸、温带等）环境下运行作业的经验，是全球范围内能生产喷气式教练机的 9 家公司之一，且具备完成制图、开发、认证等流程的能力。目前，阿埃罗·沃多霍迪公司主要为美国西科斯基飞机公司（Sikorsky Aircraft Corporation）生产 S-76C 黑鹰直升机部件，并为意大利阿莱尼亚航空公司（Alenia Aeronautica）、巴西航空工业公司（Embraer S. A.）和美国波音公司（Boeing）等生产支线客机零部件。

2. 拉泰科雷捷克公司

拉泰科雷捷克公司（Latecoere Czech Republic）是捷克最早的飞机制造厂，主要为民用飞机和军用飞机研发制造零部件和组合件。拉泰科雷捷克公司的前身为捷克斯洛伐克首家飞机工厂莱托夫（Letov），1918 年成立于布拉格。2000 年，莱托夫的部分工厂作为子公司并入法国拉泰科雷集团（Latecoere Group）。2013 年，莱托夫与母公司重新整合，更名为拉泰科雷捷克公司。目前，拉泰科雷捷克公司主要为空中客车公司（Airbus）、巴西航空工业公司、波音公司和达索集团（Dassault）等全球大型飞机制造商生产专用航空构件。拉泰科雷捷克公司在整个集团的产品组合中扮演着重要角色，专门生产难加工金属、铝合金和复合材料制成的零部件，并为拉泰科雷集团的其他工厂提供零部件的表面处理服务。此外，拉泰科雷捷克公司位于布拉格莱特纳（Letna）的工厂还提供一系列高度专业化服务，包括为达索集团全系列飞机生产和组装机舱门。

3. 速客公司

速客公司（SEKO）成立于 1991 年，目前拥有 6 家工厂。其中 3 家位于捷克，分别主营航空工业零部件生产、汽轮机零部件生产和冲压模具设计制造；3 家设在国外，即德国、巴西和印度，主要生产汽轮机、成套钻机和轧制叶片型材的零部件。另外，速客在德国、意大利和印度设有销售办事处。

4. 通用电气捷克航空公司

通用电气捷克航空公司（GE Aviation Czech）是一家从事商用、商务和通用航空用飞机涡轮螺旋桨设计、制造和维修的公司。该公司隶属于通用电气（General Electric，简称 GE）全球网络，属于 GE 航空事业部，通过收购捷克沃尔特飞机发动机公司（Walter Aircraft Engines）而成立。沃尔特飞机发动机公司是一家有着传奇历史但规模较小的涡轮螺旋桨发动机制造商。该公司在二战前生产的沃尔特飞机发动机被全世界多个国家的空军使用；二战期间生产德国的阿格斯（Argus）引擎，并被许可生产当时世界上最先进的宝马003 涡喷发动机；二战后生产苏联的沃尔特 M-05 喷气发动机，用于米格-15 战斗机，并出口到多个国家。GE 在 2008 年收购沃尔特飞机发动机公司后，组建了 GE 公务和通用航空业务部门。通用电器捷克航空公司的开发与生产中心位于布拉格莱特纳，是唯一一家在美国以外地区设计 GE 飞机发动机的公司。

5. 阿泰可公司

阿泰可公司（ATEC）成立于 1992 年，以定制生产轻型飞机组件起家，是捷克国内生产应用于轻型运动飞机上的先进复合材料的龙头企业之一，迄今已交付数百架飞机。公司生产基地位于宁布尔克（Nymburk）地区的齐德利纳河畔利比采（Libice nad Cidlinou）。

6. 兹林飞机制造公司

兹林飞机制造公司（ZLÍN Aircraft）是世界上最古老的航空品牌之一，成立于 1934 年，总部位于捷克兹林（Zlín）。公司最初以生产滑翔机和单引擎教练机起家，后来将产品组合扩大至体育和农业飞机领域。

7. 卓尔·伊赫拉瓦飞机制造公司

卓尔·伊赫拉瓦飞机制造公司（Zall Jihlavan Airlines）专门从事全金属和复合材料轻型飞机的设计、制造、销售及维修保养业务。旗下的领航者（Skyleader）品牌已经在市场上具有超过 25 年的历史。公司生产的机型囊括了休闲飞行、飞行员培训及特殊行动三种不同飞行目的。

2015 年 7 月，中航工业四川航空工业局所属的自贡通航机场发展有限公司与卓尔·伊赫拉瓦飞机制造公司就领导者 600（Skyleader 600，简称 SL600）两座轻型飞机合作生产签署了正式协议。2016 年 9 月，两架自贡组装 SL600 轻型飞机成功实现首飞。目前，SL600 轻型飞机在中国有四川自贡、湖北武汉两个生产基地。

8. PBS 公司

PBS 公司又称布尔诺第一工程制造厂（First Brno Engineering Plant），是国际航空航天工业产品和设备的领先制造商。PBS 公司按照全球航空航天工业标准进行飞机相关设备的开发、测试与生产，主要设计和开发飞机、无人机、目标无人机专用的小型喷气发动机，飞机和直升机的辅助动力装置和环境控制系统，以及所有相关的制造工艺，包括精密铸造、金属高科技加工和成品后期组装。除航空设备外，该公司还提供精密铸造（涡轮叶轮、涡轮叶片、隔热棉旋转盘、股骨组件），以及低温技术（氦气膨胀涡轮、压缩机、泵）与电镀等领域的产品和服务。

9. 阿维亚螺旋桨公司

捷克航空工业的制造企业在螺旋桨生产领域也表现出色。总部位于布拉格的阿维亚螺旋桨公司（Avia Propeller）是一家拥有百年历史的老牌企业。公司成立于 1919 年，是中东欧地区最重要的航空技术供应商之一。自成立起，该公司就专业从事螺旋桨的生产，其生产的全金属螺旋桨在全世界具有良好的口碑，且为发动机制造商莱康明（Lycoming）供货。

10. 伍德康普尔螺旋桨公司

伍德康普尔螺旋桨公司（Woodcomp）距离阿维亚螺旋桨公司仅几千米，专门生产木制和复合材料螺旋桨。该公司为全球数十个国家提供产品，所生产螺旋桨远销南非、中国、日本等国家和地区。

11. 传斯康电子系统公司

传斯康电子系统公司（Transcon Electronic Systems）成立于 1990 年，是捷克机场与直升机场设备领域的领导者，全球前五大机场技术供应商之一。

该公司拥有高技能专业研发团队、生产车间、原型实验室、光学实验室和服务部门等，主要为机场和直升机场照明系统提供定制化的解决方案，包括所必需的硬件和软件、电源和监控系统、小型区域机场的完整模块化解决方案等。

12. 普里莫科无人机公司

无人机行业一直在围绕民用和军用市场不断发展，已成为捷克航空工业的重要细分领域之一。2014年成立的普里莫科无人机公司（Primoco UAV）是捷克国内领先的无人机公司，是世界上唯一一家开发和制造战术无人驾驶飞行器的公司，还获得了军事航天设计和制造许可证及民用轻型无人机运营许可证。与现有的军事装备类无人驾驶飞机不同，其生产的无人机主要用于民用空中行动，支持边境保护、安全、管道监测、远程基础设施管理等各种应用，覆盖农业解决方案、监控系统等众多领域，已成功打入亚洲、中东、非洲和南美洲市场。2015年和2016年，普里莫科无人机公司先后被评为捷克100强企业之一，并因其无人机系统而获得设计和创新奖。2022年2月，普里莫科无人机公司获得捷克民航局颁发的特定类别的轻型无人机证书（LUC）。这是全球首次为无人驾驶固定翼飞机颁发LUC证书，也是在现有欧洲规则下可以实现的最高授权。

13. 库比奇热气球公司

库比奇热气球公司（Kubicek Balloons）成立于1898年，是捷克的热气球和飞艇制造商，中东欧地区唯一的热气球制造商，也是世界上最大的热气球制造商之一。其工厂位于布尔诺，是目前全球现代化程度最高的热气球工厂。该公司在设计、生产和保养上拥有符合欧洲航空安全局（EASA）标准的质量证书，是首批持有欧洲热气球类型证书的热气球制造商之一，还是唯一一家使用独特高强度聚酯气球面料制作热气球伞盖的欧洲制造商。此外，该公司还以库比奇飞机（Kubicek Aircraft）名义生产超轻型和轻型运动飞机。

（三）对外贸易联结紧密

航空工业在捷克国民经济中发挥着积极作用，是捷克国际贸易领域的重要贡献者之一。捷克航空工业涉及各类航空产品的制造和出口，包括飞机、发动机和其他航空航天零部件等。捷克在飞机及其零部件生产上不仅继承了传统的优质生产工艺，而且能够开发几乎所有技术含量高的航空产品，在世界上享有良好声誉。大部分产品都远销海外市场，包括欧洲、亚洲和北美洲。过去 10 年，捷克航空工业产品出口每年增长 10%以上。同时，捷克也从其他国家进口各种航空工业产品，包括用于生产航空工业产品的原材料、零部件、半成品等，以支持其生产运营并满足客户对其产品的需求。

从贸易企业看，阿埃罗·沃多霍迪公司无疑是捷克航空工业中最重要的贸易企业之一，具有全球影响力。位于捷克帕尔杜比采的 ERA 雷达技术公司（ERA Radar Technology，简称 ERA）在世界上与阿埃罗·沃多霍迪齐名，主要生产用于监控空中交通的无源雷达系统。2022 年，ERA 销售额超过 10 亿捷克克朗，其中军事部门订单占 2/3，民用航空订单占 1/3。销售收入主要来源于其独特的维拉（VERA-NG）雷达系统的销售。目前，ERA 向 60 多个国家出口追踪系统，欧洲和东南亚是其最主要的两大市场。

从贸易市场看，捷克是全球航空工业的重要参与者，与世界各地多个市场已建立稳固的贸易关系，主要面向欧洲、北美洲、亚洲和中东市场，满足其对航空公司产品和服务的巨大需求。德国是捷克航空工业出口最主要的贸易伙伴，其次是另一个航空工业强国法国。捷克拥有欧洲空客集团（AIR）多个分包合同。在空客飞机上，机舱门、厨房和洗手间模块、外壳结构部件均由捷克原产的铝合金、钛或钢制成。捷克航空工业向欧盟出口产品时，扮演着飞机和直升机部件分包商及小型飞机供应商的角色，还参与研发并提供复杂的飞机部件。捷克航空工业对欧盟以外的国家出口，则以各种尺寸的飞机和直升机整机为主。美国也是捷克航空工业主要贸易伙伴之一。捷克向美国出口小型飞机和直升机，自美国进口中大型飞机、飞机起落架及其他飞机部件。除了上述国家，捷克航空工业其他主要出口目的地还包括奥地利、英国、阿联酋和加拿大。

就中国而言，市场目前规模较小，但潜力巨大。随着国家相关法规的不断完善，中国民航业正在蓬勃发展。捷克航空工业企业逐步进入中国市场，比如 ELDIS 帕尔杜比采公司（ELDIS Pardubice，简称 ELDIS）和 ERA 的雷达系统已在中国投入应用。另外，川航集团、捷克 F-AIR 航校（F-AIR Pilot School）、中国民用航空飞行学院三方携手，从飞行培训合作入手，逐步扩展至空中交通管理、机务、乘务及通航等相关航空专业领域，致力打造世界一流、海外一流的校企合作院校。

（四）投资环境和条件良好

捷克航空工业蓬勃发展，离不开行业良好的投资环境。捷克航空工业拥有良好投资环境的关键因素之一是基础设施发达。捷克地处欧洲中心，是连接东西欧市场的桥梁。捷克国土面积相对较小，但机场网络密集度高，航空运输基础设施质量在 V4 国家中最高。捷克共有 93 个机场，其中 24 个属于国际性机场，5 个为商业航空运输机场，63 个是直升机场。随着越来越多的航空公司开通往返捷克的航线，捷克的空中交通日益繁忙。密布的交通道路网络不仅服务于捷克全国，而且将捷克与欧洲其他地区乃至世界各地紧密地连接起来，使得捷克在交通运输基础设施方面位于世界先进国家之列。自成为欧盟成员以来，捷克作为中转枢纽的重要性不断增强。

商业航空运输机场在捷克的交通网络中发挥着至关重要的作用。布拉格瓦茨拉夫·哈维尔国际机场（Václav Havel Airport Prague）是捷克最大、最繁忙的机场，位于首都布拉格。它既是捷克航空公司的枢纽，也是全球旅行者前往捷克的主要门户。布尔诺机场（Brno-Turany Airport）是捷克第二大机场，位于布尔诺，该区域性机场将布尔诺及周边地区与捷克其他地区和欧洲其他国家连接起来。其他 3 个机场分别是位于捷克东北部的莱奥斯雅纳切克俄斯特拉发机场（Leos Janacek Airport Ostrava）、位于捷克热门旅游目的地的卡罗维发利机场（Karlovy Vary Airport）及帕尔杜比采机场（Pardubice Airport），均为区域性机场，将城市及周边地区与捷克其他地区和欧洲其他国家连接起来。这 5 大机场是捷克国民经济的重要组成部分，支撑着捷克的贸易、旅游等关键领域。

开放式的外资环境是捷克航空工业发展的另一关键因素。自 1993 年以来，捷克吸引了大量的外国直接投资（FDI），人均 FDI 在欧洲中部国家中居于最高地位。根据欧盟法律和 OECD 相关规定，捷克应给予本国和外国投资者相同的待遇。捷克对资本的输入和输出均无限制，政府还提供奖励以促进和鼓励在某些行业和地区的投资。同时，捷克政治环境和宏观经济环境较为稳定，投资风险较小。捷克是多边投资担保机构 MIGA 的成员，可为投资者提供非商业性的风险担保。MIGA 是一个国际投资保护组织，隶属于世界银行。捷克还签署了一系列支持和保护外国投资的双边条约，还缔结了避免双重征税的协定。

（五）融合应用赋能效应显现

捷克航空工业正在利用新兴技术和创新解决方案推进融合应用，以提升行业的生产效率、安全性和可持续性。融合应用也正在改变航空工业，通过数字技术应用、先进材料和制造工艺的融合等，改变飞机的设计、制造和操作方式，不断推动创新发展，提高运营效率。比如，采用预测性维护和远程监控等技术监控飞机的性能和健康状况，不仅减少飞机的停机时间，还提高安全性；使用复合材料和 3D 打印等先进制造技术，在减轻飞机重量、提高飞机结构完整性的同时，提高燃油效率和安全性，并减轻对环境的影响。

数字技术融合是捷克航空工业融合应用的重要领域之一。与其他行业一样，航空工业正在向现代化和数字化转型，以提升运营效率、改进创新框架。比如，捷克航空工业正在采用虚拟现实和仿真等数字工具来优化飞机部件和系统的设计与测试，有助于加快开发进程，提高测试的准确性，并降低开发过程的成本。事实上，数字化转型涉及众多行业，包括机场、航空公司、设备制造商和服务供应商，并成为决策核心内容。同时，数据驱动的商业模式将扩展到整个供应链。一方面，数字技术改变了航空公司的管理模式及跟踪运营和维修的方式，覆盖从预测性维护到数字检查报告整个流程，有助于提高企业运营效率和飞机使用率，降低航空公司成本。另一方面，数字技术在改善航空旅行的安全保障方面也发挥了重要作用，通过使用数字系统实时跟踪和监控飞机性能，有助于防范潜在问题发展成为重大问题。

目前，捷克共有 19 家航空 IT 初创公司，包括简单易行公司（Simple Way）、时代公司（Era）、飞行员工具箱公司（PilotToolbox）、737 手册公司（737 Handbook）等。简单易行公司覆盖机场、铁路、海港等交通枢纽，形成统一的旅客信息服务平台。该公司提供单点式旅客通信平台，以不同的通信模式向旅客实时分发信息，为行政部门提供内容管理解决方案。时代公司为机场提供基于云端的监控和空中交通管理解决方案。该公司还提供车辆跟踪系统、广域多方位系统、高度监控装置、平行跑道监控、军事和防空模拟器等解决方案。飞行员工具箱公司为航空飞行员提供飞行日志解决方案，提供飞行数据记录、统计图表、飞行跟踪、数据同步等功能。737手册公司为飞行员提供基于应用的交互式技术指南，特色内容包括带有飞行员数据链通信控制器（CPDLC）和飞机通信寻址与报告系统（ACARS）的柔性制造单元（FMC）模拟器、飞行甲板模型、带有技术博客文章的新闻板块、不同发动机故障和各种系统操作的视频等。

二、捷克航空工业发展前景

捷克是全球为数不多能在本土生产和研发飞机的国家之一，不仅拥有较为完善的航空制造体系，而且在人力资源方面也颇具竞争力，培养了超万名有院校科研背景或熟练技能的航空从业人员，且专业水平相同的员工人均成本仅为西方国家的50%左右。航空工业作为捷克的支柱型高科技行业，涵盖捷克创新战略的9个方面，将积极践行捷克"未来之国"的经济愿景。

（一）发展优势

1. 行业协会优势

捷克涉及航空工业领域的协会主要是捷克航空工业协会（Association of the Czech Aerospace Industry）、捷克航空工业联合会（Confederation of the Czech Aviation Industry）和捷克轻型飞机协会（Light Aircraft Association of the Czech Republic）。

捷克航空工业协会拥有37个企业会员，包括大型总承包商、系统供应商、飞机总成和组件制造商、小型专业公司等。会员企业涵盖航空航天系统的设计、开发、生产、维护、运营等各个方面，覆盖飞机的整个生命周期。生产经营范围包括军用和民用飞机、飞机发动机和武器系统、空间研究、飞机系统部件和总成生产及相关专业软件。

捷克航空工业联合会成立于 2011 年，包括 23 个企业会员和 6 个关联成员。该联合会旨在促进企业会员之间的经济合作，帮助企业会员获得新订单，支持具有工业应用价值的新项目投资，推动航空教育事业发展，改善行业商业环境，提升捷克航空工业的竞争力。在此指向下，捷克航空工业联合会的重点工作目标包括如下 4 个方面：提高捷克航空工业的竞争力；扩大联合会内部合作，整合能力和专业知识；支持和促进航空工业人力资源的开发；推动行业商业环境改善。

捷克轻型飞机协会是由最大起飞质量达 600 千克轻型飞机的飞行员、建造者、设计师、制造商和操作员组成的协会，是欧洲第二大微轻型飞机协会组织。该协会拥有会员 7000 多名、登记在册飞机 7300 多架、现役飞行员执照 13700 多个。该协会是捷克微轻型飞机认证、许可和运营的主管机构，包括滑翔伞、动力滑翔伞、悬挂滑翔机、旋翼机、直升机、重量转移和空气动力学控制的微轻型飞行器。

2. 产业集群优势

捷克已形成了具有一定规模的航空产业集群，大多数的航空公司和机构都与世界顶尖的航空领域厂商合作，并参与世界顶级航空工业的研究项目。产业区域分布以布拉格及其周边地区为中心，集群内的大型航空公司不仅为所在区域提供了大量就业机会，还吸引了众多与航空工业相关的产品制造商和服务供应商加入。捷克航空工业具备结构部件的开发能力，以及与各类飞机和系统的集成能力，对创新型公司也颇具吸引力。此外，捷克航空公司在人工智能、大数据、物联网领域具有提供一流解决方案的开发能力，也因此越来越多地参与到国际研发项目中。无论是在"地平线 2020"（Horizon 2020）等泛欧项目中，还是在"洁净天空 2"（Clean Sky 2）等专门项目中，捷克航空公司的成果有目共睹。

产业集群为捷克航空工业提供了一系列专业性的资源、知识和技术支持，为行业持续增长提供有力保障。除航空公司外，捷克航空工业的产业结构还包括一系列机构和组织，包括参与航空研发的大学和研究机构，以及为航空工业提供支持的行业协会和监管机构。这类机构和组织紧密联系、高效合作、信息共享，在支持捷克航空工业的增长和发展方面发挥着重要作用。

3. 政府政策优势

捷克政府在促进航空工业发展方面发挥了重要作用。捷克政府为业内公司提供各种奖励和税收优惠，鼓励更多企业在捷克开展航空业务。同时，捷克政府还对该领域内的研究和开发项目进行投资，为行业创新和新兴技术研发提供支持。

捷克工业和贸易部将航空工业视为国内重点发展行业之一，致力于与航空领域专家、龙头企业代表和具有创新潜力的小型企业合作，支持航空工业发展。为激励各大航空公司通过创新生产高附加值产品和服务，提高市场竞争力，捷克工业和贸易部推出业内首个创新研发重点推进项目，即企业创新竞争力运营项目（OPEIC）。捷克工业和贸易部还积极帮助航空企业在国外寻找和获取新的商机，包括商务使团、国外展销会、经济外交项目、统一对外联络对接、捷克投资局服务等一系列扶持通道，并在共同贸易政策框架下保障捷克企业的利益。

此外，捷克内政部推出积极的经济移民项目，吸引行业发展需要的具备出色能力和资历的专家，来推动行业持续高质量发展。捷克技术局也相继推出支持航空业发展的项目，比如阿尔法（ALFA）、艾普西隆（EPSILON）和得尔达（DELTA）等项目。

4. 市场需求优势

全球旅行需求的增加、新兴技术的诞生，以及消费者偏好的变化都为航空工业的发展带来源源不断的增长动力。全球飞机部件需求的不断增加是捷克航空工业持续增长的重要驱动力之一。捷克拥有高技能劳动力和先进制造设施，能够生产世界多数飞机上使用的高质量部件。强大的工程技术基础、广泛的航空产品组合、卓越的科技研发能力、优质的专业劳动力、政府的大力支持、卓越的技术产品声誉，以及可适应各种气候条件的可靠产品等优势，进一步增强了捷克航空工业在全球市场上的竞争力，并推动前沿航空航天技术的持续发展。

捷克航空工业的另一个关键增长点在于无人机需求的不断增加。捷克是无人机研发领域的领导者，且持续加大研发投入。捷克拥有一支实力强大的工程师和设计师队伍，专业人员具备开发新型无人机技术的知识和技能。除了之前提到的无人机制造龙头企业普里莫科无人机公司，成立于2010年的捷克公司沃克斯沃（Workswell）也具有代表性。该公司专注无人机系统领域，专业生产热成像摄像机和高温计，用于控制过程、施工、设备诊断和机器维护，并提供独一无二的红外无人机热成像系统。随着消费者对无人机需求的增加，在技术逐步完善和应用场景不断扩大的加持下，捷克无人机制造商和无人机系统服务商将迎来更大的市场。

5. 教育培训优势

捷克拥有多所专门从事航空教育的大学，包括布尔诺理工大学（Brno University of Technology）、布尔诺国防大学（University of Defence in Brno）、捷克理工大学（Czech Technical University）、俄斯特拉发技术大学（Technical University of Ostrava）等。布尔诺理工大学是捷克领先的研究和教学机构之一，提供专业飞行员、飞机设计、航空交通等学习课程；布尔诺国防大学开设飞机技术、空中交通管制等专业，在为军事专业人员提供本科教育服务方面发挥着至关重要的作用；捷克理工大学是欧洲最大、最古老的技术大学之一，下设机械工程学院、电气工程学院、运输科学学院等多个学院，提供航空工程、航空系统、航空运输等各种专业课程教学；俄斯特拉发技术大学的机械工程系开设飞机操作技术、飞机维护技术和航空运输技术项目等方面的专业课程。

捷克航空工业发展处于世界领先地位，并拥有不断增强的技术实力，还得益于大量重视航空专业教育的高中。这类高中培养了大量在机械维护修理、机场技术及航空导航服务方面的专业人员，为捷克航空工业当前的成功奠定了必要的基础。学校与捷克知名航空公司之间的校企合作无疑为捷克航空工业夯实了在全球航空领域的整体地位。此外，捷克还拥有一批本土飞行学校和培训机构。例如，捷克航空培训中心（Czech Aviation Training Centre）提供各种专业课程，包括喷气机定向课程、防倾覆和恢复培训、高级防倾覆和恢复培训等；杰特弗驰普公司（JetForTrip）提供实践课程和理论课程，同时还专业从事飞机租赁、私人客货航空运输及飞机进出口等业务；职业空中技术公司（JOB AIR Technic a.s.）是一家经过欧洲航空安全局（EASA）和美国联邦航空管理局（FAA）批准的培训机构，2006年以来扩建的飞机维修机库是中欧最大的单跨度飞机维修机库之一，主要用于对波音737系列飞机进行维护，并针对这类飞机进行技术培训。

6. 研发创新优势

飞机不同于快销品，航空工业的发展周期很难与任何其他工业相比。通常，一架飞机的研制周期为7年至10年，飞行服役时间为20年至30年。因此，航空工业需要不断创新并最大限度地应用当前的研发成果。捷克拥有许多活跃于航空工业的研发公司，为捷克航空工业的持续增长和发展提供尖端解决方案和创新成果。这些公司致力于提升捷克航空技术水平，增强捷克航空工业在国内外的竞争力。捷克航空工业的研究和开发成果不仅在捷克本土项目中付诸实施，也在世界一流企业的机器设备上得到应用，如空客、波音、庞巴迪（Bombardier）等。

技能和创新是捷克航空工业保持全球竞争力并能够进一步发展的最重要因素之一。捷克国内航空公司经常与国内高校、研究中心、行业龙头企业开展合作项目。如2016年捷克理工大学与通用电气捷克航空公司建立合作伙伴关系，双方合作效果显著，成为捷克航空业校企合作的成功样本。通用电气捷克航空公司先在捷克建立了一个新涡轮螺旋桨发动机开发、测试和生产中心，此后随着合作伙伴关系的不断深化，双方不仅在催化剂（Catalyst）涡桨发动机项目和赫拉德茨·克拉洛韦联合测试设施项目上密切合作，还决定扩大在可持续航空燃料（SAF）测试领域的合作。强大的航空技术研发能力使得捷克的航空公司在国际市场上也敢于争先，在与空客、霍尼韦尔、莱昂纳多（Leonardo）等领先企业开展激烈竞争，并取得成功。值得注意的是，捷克航空工业深入参与"欧洲地平线"（Horizon Europe）等研发框架计划，也进一步印证了其研发合作的能力。

捷克航空工业积极与国内外的合作伙伴分享知识和经验，通过公私合作机制，让学界与业界联系更加紧密，让专业化的研究中心也因此更多地参与到高附加值项目中。捷克本土的研发中心主要有捷克航空航天研究中心、布尔诺理工大学的航空航天工程研究所、霍尼韦尔技术解决方案公司（Honeywell Technology Solutions）、通用电气捷克航空公司研发中心等。其中，捷克航空航天研究中心位于布拉格，成立于1922年，是国家级航空航天研发和测试中心。该研究中心的主要任务是进行基础性、工业性研究及实验开发，涉及的主要学科领域包括空气动力学、结构强度和耐久性、材料和腐蚀工程、涡轮机械、复合材料与技术、空间活动。布尔诺理工大学的航空航天工程研究所主要集中于专业教育、应用研究和飞机测试，其科学活动主要覆盖以下领域：现代计算方法在飞机设计领域的应用，空气动力和结构学的数值方法，参数化几何模型的计算机辅助设计（CAD）工具应用，飞机结构的静态和动态测试，复合材料应用，飞行稳定性、可控性和结构性测试。

（二）发展挑战

1. 自然环境挑战

目前，捷克航空工业逐渐摆脱由新冠疫情带来旅客人数骤降的负面影响，航班数量再次增加，逐渐恢复到新冠疫情暴发前的水平。在全球气候呈现出逐渐变暖的趋势下，欧盟航空业需要为降低飞机的温室气体排放和噪声做出努力。欧洲航空安全局最新发布的《欧洲航空环境报告》预计到2050年欧洲每年可能有1220万次航班，强调迫切需要扩大研究工作以实现航空脱碳。作为欧盟一员，这对捷克航空工业来说无疑是带来了极大的自然环境挑战，绿色航空也势必成为主流，引导企业进行绿色转型。

为应对这一挑战，欧盟"清洁航空"（Clean Aviation）计划于2021年启动。这是欧盟为实现气候中和而推动航空工业转型的领先研究和创新计划，旨在开发颠覆性技术，到2030年最大限度降低商业航空旅行的碳足迹。其目标包括与2020年最先进的飞机相比，支线飞机排放减少不少于50%，中短程飞机排放减少不少于30%。在该计划中，捷克霍尼韦尔航空航天公司将牵头围绕热管理方案、兆瓦级氢燃料电池两个主题开展飞机关键元件的项目研究，这将强化了南摩拉维亚州（South Moravian）大都市圈作为最先进技术研发领导者的地位。按照可持续航空战略重点计划，霍尼韦尔航空航天公司专门从欧洲各国招募了 50 多名研究人员，与其他欧洲国家的项目合作伙伴开展联合研究工作。

2. 地缘政治挑战

随着俄乌冲突升级，如何拓展多元化的供应商已成为捷克航空工业迫切需要解决的问题。捷克航空工业对俄罗斯钛材料的依赖度较高，主要从世界最大的钛生产商维斯伯-阿维斯玛公司（VSMPO-AVISMA）进口钛材料。维斯伯-阿维斯玛公司隶属于俄罗斯国家技术集团（Rostec），是全球最大的钛生产商，拥有完整的生产链，覆盖 25%—30%的全球钛市场。该公司深度融入全球航空航天产业，是波音、空客、赛峰（SAFRAN）等企业的直接供应商。在捷克航空工业一些特定材料和技术缺少多元供应商的背景下，当发生特殊情况而断供，很可能会对捷克航空工业的未来创新造成巨大影响。同时，俄乌冲突也影响油价，大幅提高了航空公司的运营成本，对捷克航空工业产生严重的负面冲击。

3. 信息技术挑战

随着信息技术在航空工业的应用日益广泛，网络安全正成为航空公司和机场的首要关注点。这为捷克航空工业带来挑战的同时，也带来了一大商机。捷克航空公司正在抓紧投资部署网络安全措施，防止网络威胁，确保旅客和运营安全。

4. 人力资源挑战

捷克航空工业面临认证飞行员和机械工程师短缺的问题。随着捷克航空工业的不断发展，对熟练工人的需求随之增加，如何吸引和留住高技能劳动力，将影响行业的可持续增长和核心竞争力。为应对这一挑战，捷克相关航空企业正在加大人才投资力度，实施人才培训和发展项目，以帮助其员工掌握最新理论和技术，并吸引和留住优秀人才。

致　谢

　　《"一带一路"框架下浙江与捷克经贸合作发展报告(2023)》顺利发布，在此感谢社会各界为本报告发布提供的帮助、指导与支持。

　　在本报告的编写过程中，我们得到了浙江省商务厅的悉心指导。商务厅外联处、外经处、综合处、贸发处、外贸中心等相关处室（单位）予以了鼎力支持，也对报告的内容提出了宝贵的修改意见。

　　在资料搜集过程中，我们得到了万向集团、捷昌驱动等多家企业的全力配合，在此一并表示感谢！

　　感谢捷克研究中心的各位同仁，感谢本报告的英语翻译团队、捷克语翻译团队及外审专家们的辛勤工作，正是他们的共同努力使这份报告得以用中、英、捷三语同时公开发布！

Development Report on Zhejiang-Czech Economic and Trade Cooperation under the Framework of the Belt and Road Initiative

(2023)

Zhou Junzi, Zhang Haiyan, Zhu Liyan, Renata Čuhlová

Translated by

Xu Lei, Fan Shuangshuang, Renata Čuhlová

ZHEJIANG UNIVERSITY PRESS
浙江大学出版社
· 杭州 ·

Preface

2023 marks the tenth anniversary of the joint construction of the Belt And Road Initiative. Cooperation between China and Central and Eastern European Countries (CEECs) has also experienced the test of time and complex changes in the international situation. In the context of accelerating changes in the world that have been unseen in a century, especially in the context of new turbulent changes caused by the Sino-US competition, the Russia-Ukraine conflict, and the European energy crisis, the difficulties in China-CEEC cooperation have increased significantly, and the challenges have been unprecedented. Currently, Zhejiang is promoting opening up to the outside world at a high level and striving to advance socialism with Chinese characteristics for common prosperity and provincial modernization in high-quality development. Zhejiang has actively explored multiple areas of local cooperation between China and CEECs. Through the construction of cooperation project carriers such as the China-CEEC Economic and Trade Cooperation Demonstration Zone, the China-CEEC Expo, the Belt and Road Czech Station, and the "Madrid-Yiwu" China-Europe Railway Express, Zhejiang has become a leader in local cooperation between China and CEECs, and has also accumulated a certain amount of experience. At the opening ceremony of the 3rd Belt and Road Forum for International Cooperation held on October 18, 2023, President Xi Jinping emphasized the importance to promote the joint construction of the Belt and Road into a new stage of high-quality development. Facing new challenges and new tests on the new journey, being a vanguard of local cooperation with Central and Eastern Europe is Zhejiang's responsibility in shouldering the construction of an "important window". It is also a significant support in building a new pattern of comprehensive opening up and building a China-European economic circulation hub.

The *Development Report on Zhejiang-Czech Economic and Trade Cooperation under the Framework of the Belt and Road Initiative (2023)* summarizes the current situation of economic and trade cooperation between Zhejiang and the Czech Republic and analyzes the development trends of the Czech economy and its characteristic industry, the aviation industry. The report is divided into three parts, namely, "Current Situation", "Development" and "Feature". "Current Situation" presents data on import and export trade, two-way investment and cultural exchanges between Zhejiang and the Czech Republic in 2022. Among them, Jiecang Motion investment case has been selected as the example of the two-way investment, which illustrates the potential and benefits of investment cooperation under the Belt and Road framework. Case analysis shows that in recent years, Jiecang's overseas investment and mergers & acquisitions (M&A) cases have frequently involved CEECs, many of which consider factors such as improving the industrial chain, enhancing regional competitiveness, and expanding international markets. "Development" summarizes the economic development of the Czech Republic in 2022 and predicts the development trend of the Czech economy, providing decision-making references for enterprises and institutions interested in carrying out economic and trade cooperation with the Czech Republic. The report believes that the Czech economic recovery is faced with adverse factors such as high inflation, global financial risks, insufficient energy supply, and labor shortages, however, there are also favorable factors that can be grasped, such as healthy economic fundamentals, green and digital transformation, and the recovery of the international market. "Feature" is divided into two parts, with the Czech aviation industry as the object of analysis. The first part provides a comprehensive analysis of the development status of the Czech aviation industry in terms of industrial chain coverage, corporate international influence, foreign trade connections, investment environment and conditions, and integrated application empowerment. The second part looks into the future and summarizes the advantages and difficulties of the development of the Czech aviation industry. Based on forecast and analysis, the development situation of the Czech aviation industry is studied and judged.

This report will be released in Chinese, English and Czech. For Chinese version: Zhou Junzi is responsible for the framework design and overall draft review as well as the writing of "Current Situation"; Zhang Haiyan is responsible for the specific organization of the writing and the research guidance of the report, as well as the writing of "Development"; Renata Čuhlová and Zhu Liyan are jointly responsible for the writing of "Feature". For English version: Xu Lei is responsible for the organization of translation and overall draft review; Xu Lei and Fan

Shuangshuang are responsible for the translation of "Development" and "Current Situation", as well as part of "Feature"; Renata Čuhlová is responsible for the translation of part of "Feature". For Czech version: Xu Weizhu is responsible for the organization of translation and overall draft review; Xu Weizhu and her team are responsible for the translation of "Development", and for the draft review of "Current Situation" and "Feature"; Renata Čuhlová is responsible for the translation of "Current Situation" and "Feature". With this report as a medium, we hope to encourage discussions and exchanges with the Czech Republic and the Belt and Road researchers around the globe to promote scientific research cooperation and work in unity to contribute to and harvest fruitful research results.

This report is the annual research result of the Czech Research Center of Zhejiang Financial College, which was established under the guidance of the Ministry of Education of China. In recent years, it has been successively selected as a high-level construction unit of national and regional research center by the Ministry of Education and a key think tank in Zhejiang Province. It is an open research platform dedicated to the comprehensive study of Czech politics, economy, culture, society and other aspects.

Due to the limitations of the research team, improprieties are unavoidable, and we are open to all sectors of society for criticism and improvements.

Zheng Yali

Director, Czech Research Center of Zhejiang Financial College

Contents

Part 1

Current Situation: Analysis of Zhejiang-Czech Trade and Economic Cooperation in 2022 ···1

　Ⅰ. Trade ···3

　Ⅱ. Investment ···9

　Ⅲ. People-to-People Exchanges ·····························17

Part 2

Development: Analysis of Czech Economic Development in 2022 and Trend Forecasting ··21

　Ⅰ. Overview of Czech Economic Development in 2022 ···········24

　Ⅱ. Forecast of Czech Economic Development Trend ············36

Part 3

Feature: Analysis of Czech Aviation Industry Development ·········45

　Ⅰ. Current Situation of Czech Aviation Industry Development ·······47

　Ⅱ. Development Prospect of Czech Aviation Industry ············56

Acknowledgement ···65

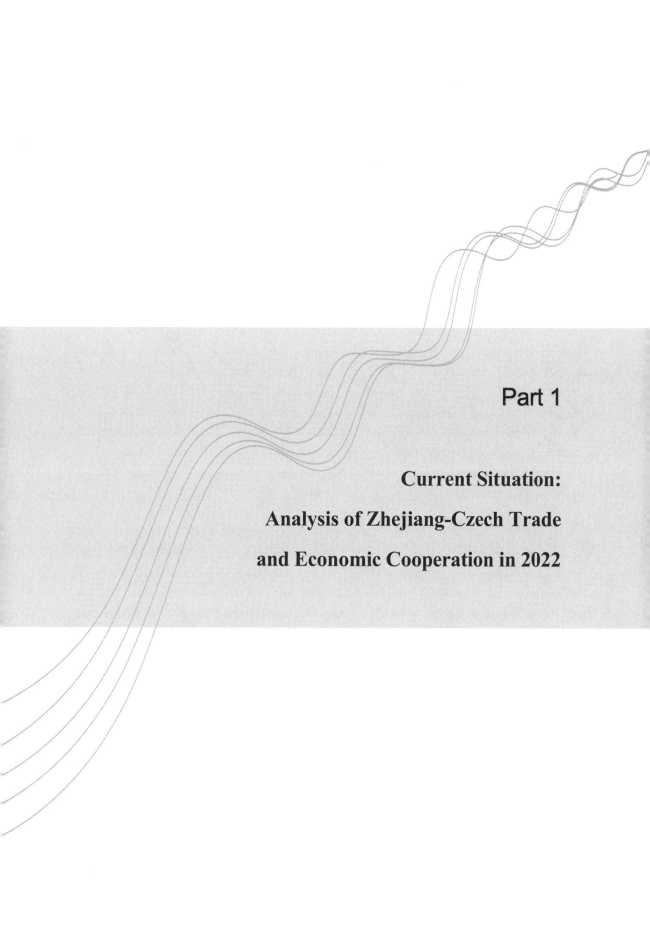

Part 1

Current Situation:

Analysis of Zhejiang-Czech Trade

and Economic Cooperation in 2022

Introduction

◆ Trade

The scale of trade in goods between Zhejiang and the Czech Republic has been expanding, with exports quadrupling and imports doubling in the past 10 years, and there is more room for improvement in imports. In terms of commodity composition, Zhejiang has a prominent advantage in exporting electrical equipment to the Czech Republic, while the long-term stable growth trend of traditional labor-intensive products and electromechanical products is not obvious; the import of electromechanical products from the Czech Republic has grown significantly, while raw materials and resource-based products have declined significantly. As for the main trading bodies, private enterprises have been the backbone, and the investment-driven export effect has emerged. The entity of importing enterprises has undergone major changes, and there is room for cooperation in green energy, smart cities, supply chain logistics and other fields.

◆ Investment

By the end of 2022, the Czech Republic has invested in 100 enterprises in Zhejiang, with an actual foreign investment of USD 79.82 million; Zhejiang has invested in a total of 20 enterprises or institutions in the Czech Republic, with a foreign direct investment record of USD 423 million. In 2022, 6 linkage zones established for the China-CEEC Economic and Trade Cooperation Demonstration Zones in Zhejiang Province, which were spread out from point to area with numerous highlights. In recent years, Zhejiang Jiecang Linear Motion Technology Co., Ltd. (Jiecang Motion) has been frequently involved in foreign investment and M&A in CEECs, which is representative to a certain extent.

◆ People-to-People Exchanges

The Czech Republic has been an important trading partner and investment destination for Zhejiang in CEECs. The two sides have also carried out practical exchanges and cooperation in the fields of education, tourism and culture. Educational cooperation platforms are rich, subjects are diverse, and influence is constantly increasing. Tourism cooperation has a good foundation, obvious advantages, and sufficient momentum for recovery. There are various forms of cultural exchanges and active interactions, both online and offline.

The

The Czech Republic, located in Central Europe, is a vital node along the Belt and Road and an important partner of Zhejiang in Central and Eastern Europe. The year 2022 marks the 10th anniversary of the construction of the China-CEEC cooperation mechanism. In the field of trade, the Czech Republic is Zhejiang's 3rd largest trading partner in Central and Eastern European Countries (CEECs) and the 3rd largest export destination. The scale of import and export trade between Zhejiang and the Czech Republic has repeatedly hit new highs. In the past 10 years, exports have quadrupled and imports have doubled. The average annual growth rate of the trade between the two sides is higher than that of Zhejiang's foreign trade growth rate, Zhejiang-Europe trade growth rate and China-CEEC trade growth rate during the same period. In the field of investment, the Czech Republic has become Zhejiang's largest investment destination in Central and Eastern Europe besides Greece. In recent years, Jiecang Motions has frequently involved cases of overseas investment and mergers & acquisitions (M&A) in CEECs, with the consideration of perfecting industrial chains, enhancing regional competitiveness, and expanding international markets.

In the field of people-to-people and cultural exchanges, practical exchanges and cooperation have been carried out in education, tourism, culture and other areas. The full liberalization of the COVID-19 pandemic will bring new vitality.

Ⅰ. Trade

1. Overview

The scale of import and export trade between the two sides has been expanding, with exports quadrupling and imports doubling in the past 10 years, and there is a large room for improvement in imports.

The year 2022 marks the 10th anniversary of the launch of China-CEEC cooperation. Under the combined influence of major changes unseen in a century and the pandemic of the

4

Development Report on Zhejiang-Czech Economic and Trade
Cooperation under the Framework of the Belt and Road Initiative (2023)

century, the downward pressure on the global economy has increased significantly. In this context, Zhejiang and the Czech Republic have continued to promote practical cooperation, and the import and export trade volume between the two sides increased against the trend, hitting a record high and breaking through RMB 10 billion for the 2nd consecutive year. In 2022, the import and export trade volume between Zhejiang and the Czech Republic reached USD 1.889 billion (equivalent to RMB 12.708 billion at the average annual exchange rate of 6.7261, the same below), a year-on-year increase of 3.7%. Among them, Zhejiang exported USD 1.675 billion (equivalent to RMB 11.268 billion) to the Czech Republic, a year-on-year increase of 2.3%; imports from the Czech Republic amounted to USD 214 million, a year-on-year increase of 16.5%, which was 9 percentage points higher than the growth rate of Zhejiang's imports over the same period. As shown in Figure 1-1, from 2012 to 2022, the trade volume between the two sides increased from USD 532 million to USD 1.889 billion, with an average annual growth rate of 13.5%, which was 1.6 times the growth rate of Zhejiang's foreign trade, 1.7 times the growth rate of China-CEEC trade, and 2.2 times the growth rate of Zhejiang's trade with the EU during the same period. Among them, Zhejiang's exports to the Czech Republic have quadrupled, increasing from USD 429 million to USD 1.675 billion, with an average annual growth rate of 14.6%; imports from the Czech Republic have doubled, increasing from USD 103 million to USD 214 million, with an average annual growth rate of 7.6%. Overall, the scale of import and export trade of Zhejiang and the Czech Republic continues to expand, and the trade imbalance phenomenon exists objectively. Guided by the implementation of the import target proposed by the China-CEEC Summit, there is large room for Zhejiang to increase its imports from the Czech Republic.

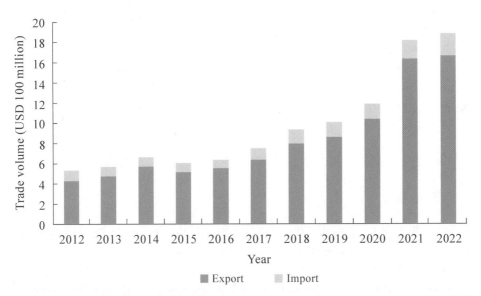

Figure 1-1   Trade Volume of Zhejiang-Czech Imports and Exports from 2012 to 2022
(**Source:** Department of Commerce of Zhejiang Province)

2. Commodity Composition

Zhejiang has a prominent advantage in exporting electrical equipment to the Czech Republic, and the long-term stable growth trend of traditional labor-intensive products and electromechanical products is not obvious; the import of electromechanical products from the Czech Republic has grown significantly, while raw materials and resource-based products have an obvious decline.

In terms of exports, the top 10 major commodities exported from Zhejiang to the Czech Republic in 2022 are shown in Figure 1-2, with a total export value of USD 635.8031 million, accounting for 38.0% of Zhejiang's total exports to the Czech Republic during the same period. Electrical equipment, apparel and garment accessories, and mechanical basic parts are a few of the main ones. Electrical equipment ranks first in the export commodities and has a prominent leading edge, with an export value of USD 286.9719 million, accounting for 17.1%, a year-on-year increase of 28.8%. The export value is nearly 3 times higher than that of the 2nd-ranking apparel and garment accessories. The scale gap is large. The export value of apparel and garment accessories hovered around the average level of the past 3 years, at USD 73.1299 million, a year-on-year increase of 19.8%, but it is more difficult to continue to achieve positive growth. Followed by mechanical basic parts, general machinery and equipment, the export value was less than USD 50 million, a year-on-year

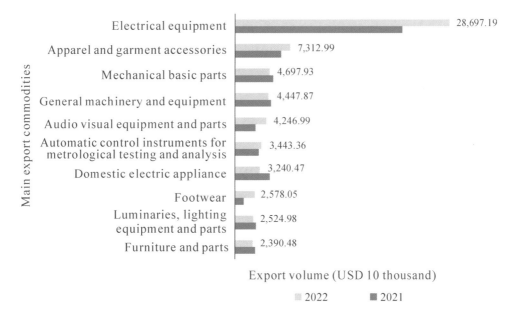

Figure 1-2   Scale and Year-on-Year Growth or Reduction of Major Commodities Exported from Zhejiang to the Czech Republic in 2022

(**Source:** Department of Commerce of Zhejiang Province)

decrease of 6.3% and 7.5% respectively. Among the top 10 major export commodities, footwear showed the largest year-on-year growth, up to 118.0%, followed by audio visual equipment and parts, with a year-on-year increase of 57.1%; the largest decline was in domestic electric appliance, with a year-on-year decrease of 31.3%, followed by furniture and parts, a year-on-year decrease of 14.9%. Exports in both categories were less than the level in 2021. Whether it is traditional labor-intensive products or electromechanical products, there are differences in the growth of exports of subdivided commodities, and the trend of maintaining growth in the long term is not obvious. How to consolidate the foundation of stable growth and enhance the sustainable competitiveness of export commodities has become an unavoidable challenge.

In terms of imports, the top 10 major commodities imported by Zhejiang from the Czech Republic in 2022 are shown in Figure 1-3, with steel, electronic components, wood and its products being some of the major ones. The import value of the top 10 commodities imported from the Czech Republic accounted for 40.4% of Zhejiang's total imports from the Czech Republic during the same period, and the concentration of imported products was higher than that of exported products, which to a certain extent reflected Zhejiang's main demand for Czech commodities. The total import value of 3 kinds of raw materials and resource-based products such as steel, wood and its products, and plastics in primary forms was USD 37.1033 million, accounting for 17.3%. Among them, steel ranked first in imported goods, with an import value of USD 21.3793 million, a year-on-year increase of 2 times, achieving high growth for 3 consecutive years. The total import value of 6 kinds of electromechanical products such as electronic components, automatic control instruments for metrological testing and analysis, and electrical equipment reached USD 47.3890 million, accounting for 22.1%, of which the imports of 5 kinds of electromechanical products achieved growth. Among the top 10 major imported commodities, automatic data processing equipment and parts, and machine tools, which are both electromechanical products, experienced the most prominent growth, with a year-on-year increase of about 281 times and 6 times respectively; the largest declines were wood and its products, and plastics in primary forms, which belonged to raw materials and resource-based products, fell by more than 40% year on year. This is partly due to the strong foundation of the Czech electromechanical products manufacturing industry, but also to the fact that the Czech Republic is not a resource-rich country, and it is difficult to maintain a large-scale expansion of imports of raw materials and resource-based products in the long term. Comparing the top 10 major import and export commodities, only 3 categories of commodities, namely, electrical equipment, automatic control instruments for metrological testing and analysis, and mechanical basic parts, overlapped. This shows that there are differences in the structure of import and export commodities between Zhejiang and the Czech Republic, which can strengthen economic and trade cooperation, form complementary advantages and realize industrial interoperability.

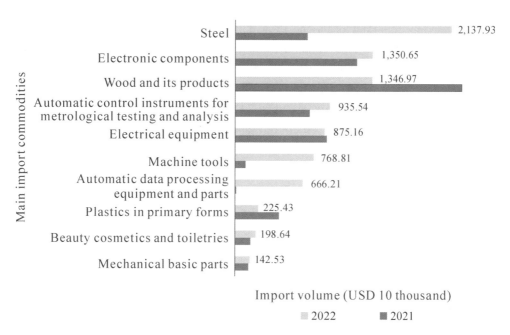

Figure 1-3   Scale and Year-on-Year Growth or Reduction of Major Commodities Imported from the Czech Republic to Zhejiang in 2022

(**Source:** Department of Commerce of Zhejiang Province)

3. Main Trading Bodies

Private enterprises are the backbone of trade, and the effect of investment-driven export has emerged. The entity of importing enterprises has undergone major changes, and there is room for cooperation in green energy, smart cities, supply chain logistics and other fields.

In terms of export scale, the top 20 exporters from Zhejiang to the Czech Republic in 2022 included: Luxshare Precision (Zhejiang) Co., Ltd., Zhejiang SolaX Power Network Technology Co., Ltd., Wanxiang A123 Systems Co., Ltd., Zhejiang CFMOTO Power Co., Ltd., Zhejiang Dahua Technology Co., Ltd., Panasonic Motor (Hangzhou) Co., Ltd., Mobiwire Mobiles (Ningbo) Co., Ltd., Hangzhou Clongene Biotech Co., Ltd., Hangzhou Sunrise Technology Co., Ltd., Zhejiang Yinlun Machinery Co., Ltd., Ningbo Daye Garden Machinery Co., Ltd., Ningbo Boda Machine Co., Ltd., Hangzhou Singclean Medical Products Co., Ltd., Hangzhou Hikvision Digital Technology Co., Ltd., Zhejiang Zhaolong Cables & Interconnects Co., Ltd., Zhejiang Keen Faucet Co., Ltd., Cixi Donggong Electric Co., Ltd., Zhejiang Huahai Pharmaceutical Co., Ltd., Cixi Jincheng Import & Export Co., Ltd., and Nidec Shibaura (Zhejiang) Co., Ltd. From the perspective of the nature of enterprises, the vitality of private enterprises has emerged. These private enterprises, accounting for 3/4 of the top 20 enterprises in Zhejiang's exports to the Czech Republic, have become the important backbone of exports, which is in line with the outstanding advantages of Zhejiang's private economy. In terms of main products, it mainly involves the export of electronic equipment, photovoltaic energy storage, mechanical equipment and other products. In terms of scale, the top 5 are all private enterprises. Among them, Luxshare Precision (Zhejiang) Co., Ltd. ranked first in 2022 after jumping to the first place in 2020, maintaining the development momentum of the first-ranked enterprise in export scale since 2020, which has been shifted from foreign enterprises to private enterprises. From the perspective of the change of entities, there were 5 enterprises newly listed in 2022, among which Zhejiang SolaX Power Network Technology Co., Ltd. ranked 2nd in terms of export scale, demonstrating the broad space of green cooperation empowered by digital technology; Zhejiang Dahua Technology Co., Ltd. ranked 5th in terms of export scale, becoming another example of investment-driven export after Wanxiang A123 Systems Co., Ltd. and Hangzhou Sunrise Technology Co., Ltd. It also reflected the potential of cooperation in the field of IOT and smart cities.

Ranked by the scale of imports, the top 20 enterprises in Zhejiang importing from the Czech Republic in 2022 included: Ningbo Orient Wires & Cables Co., Ltd., Jiashan Sun-King Power Electronics Group Limited, Lego Toy Manufacturing (Jiaxing) Co., Ltd., Zhejiang Material Industry Civil Products & Blasting Equipment Co., Ltd., Ningbo Jintian Copper (Group) Co., Ltd., Zhejiang Army Joint Copper Limited, HT Plastics Machinery Group Co., Ltd., H3C Co., Ltd., Zhejiang Material Industry Senhua Group Co., Ltd., Alog Supply Chain Management (Ningbo) Co., Ltd., Moyan (Zhejiang) Electronic Technology Co., Ltd., Hangzhou Fullsemi Tech Co., Ltd., BNBM Group Zhejiang Changxing Forestry Co., Ltd., Asia Euro Automobile Manufacturing (Taizhou) Co., Ltd., Zhejiang Material Industry International Corporation (Wuchan Zhongda international Group Co., Ltd. now), Ningbo Leadgo E-commerce Co., Ltd., Yuhuan Fulida Metal Co., Ltd., BEST Logistics Technologies (Ningbo Free Trade Zone) Co., Ltd., Yiwu Ouying Supply Chain Co., Ltd., and Jiashan Dominant Wood Industries Co., Ltd. In terms of the nature of enterprises, private enterprises continued to maintain more than half of the top 20 enterprises in Zhejiang's imports from the Czech Republic, playing an active role. From the perspective of industry, it mainly involved cable engineering, electrical equipment manufacturing, copper processing, wood processing and other fields, which was different from exports. In terms of scale ranking, the import scale ranking of Ningbo Orient Wires & Cables Co., Ltd. rose from 9th in 2020 to 6th in 2021, and then rose to the 1st place in 2022; the import scale ranking of Jiashan Sun-King Power Electronics Group Limited jumped from 12th in 2020 to 4th in 2021, and rose again to 2nd in 2022. This further provides evidence for the growth of the top two commodities imported by Zhejiang from the Czech Republic. In terms of entity changes, nearly half of the companies were added to the list in 2022, most of which are in the areas of supply chain logistics and electronic information.

II. Investment

By the end of 2022, the Czech Republic had invested and set up 100 enterprises in Zhejiang, with contracted foreign investment of USD 91.07 million and actual foreign investment of USD 79.82 million. The investment was mainly concentrated in medical equipment and equipment manufacturing, textile and garment manufacturing, trade brokerage and agency, textiles, knitwear and raw material wholesale and other industries; Zhejiang has invested in 20 enterprises or institutions in the Czech Republic, with a registered foreign direct investment amount of USD 423 million. The investment was mainly concentrated in wholesale industry, railway, shipbuilding, aerospace and other transportation equipment manufacturing, metal products industry and other industries. In 2022, the turnover of Zhejiang enterprises' foreign contracted projects in the Czech Republic was USD 10.606 million, and the newly signed contracts amounted to USD 3.709 million. The main implementing enterprises are Otis Elevator Co., Ltd. (Otis Electric now), Zhejiang Zhaolong Cables & Interconnects Co., Ltd., and Ningbo Minth Auto Parts Technology Research & Development Co., Ltd. In recent years, Zhejiang has taken the success of the China-CEEC Expo and the establishment of the China-CEEC Economic and Trade Cooperation Demonstration Zone as an important starting point for promoting practical cooperation between China and CEECs. In 2022, Zhejiang set up the first batch of 6 China-CEEC Economic and Trade Cooperation Demonstration Zones. The Third China-CEEC Expo held in May 2023 coincided with the opening of No.1 Opening-up Project to level up the "Sweet Potato Economy" in pursuit of a more open economy in Zhejiang, leveraging each other's strengths, which would further amplify the effect of the Expo and the "Sweet Potato Economy" effect, gather resources and elements of cooperation with CEECs, and explore the path of "dual cycle" with CEECs. Among them, Jiecang Motion has gained access to R&D and other high-end production factors through investment and M&A, expanded its sales network in the European market, and significantly increased its brand's international influence, which is representative to a certain extent. The details of the case are as follows.

1. Enterprise Profile

Founded in 2000 and formerly known as Jiecang Medical Equipment Co., Ltd., Jiecang Motion is a high-tech enterprise specializing in the research, development, production and sales of linear actuator systems. It was selected as one of Zhejiang scientific and technological giants, Zhejiang invisible champions, Zhejiang famous export brand, and the first batch of forerunners in for the integration of domestic and foreign trade in Zhejiang. It is a leading company in the linear actuator industry in China. Its linear actuator system is widely used in medical and health care, smart office, smart home, industrial automation and other fields, and is used to support smart terminal equipment. Specific application products are linear actuator products such as

10

Development Report on Zhejiang-Czech Economic and Trade
Cooperation under the Framework of the Belt and Road Initiative (2023)

electric actuators, lifting columns and controllers. Jiecang Motion continues to explore overseas markets, steadily promotes its globalization development strategy, continues to improve the layout of overseas production capacity, and establishes production and R&D bases in Asia Pacific, Europe, and North America, including the Ningbo production base, Xinchang production base, Malaysia production base, the US production base, and the European production bases. Currently, the European production bases are mainly located in Austria, the Czech Republic and Hungary, of which the Austrian and Czech production bases were added after the acquisition of LEG Group in 2021, and the Hungarian production base was added by investment since 2022.

The acquired company, Logic Endeavor Group GmbH (LEG Group) and its subsidiaries have been providing leading solutions and products for the adjustable furniture market, with significant research and development strengths in the field of actuator systems for adjustable tables. The main products are electric adjustable table lifting column assembly and controller, which has high patent barriers and is at the top level in the industry. The main customers are European and American high-end furniture brands. As a global top company of adjustable furniture, LEG Group is an investment holding platform, and its subsidiaries are mainly engaged in the research and development, production and sales of adjustable furniture actuator systems, specifically including 6 wholly-owned subsidiaries of Logicdata Electronic & Software Entwicklungs GmbH (LDAT), LDI Electronics Vertriebs GmbH, Logicdata Asia Limited, METMO s.r.o., Logicdata North America Inc. and Zhuhai Logicdata Electromechanical Co., Ltd. The ownership structure of LEG Group and its subsidiaries is shown in Figure 1-4. Among them, LDI Electronics Vertriebs GmbH and Logicdata Asia

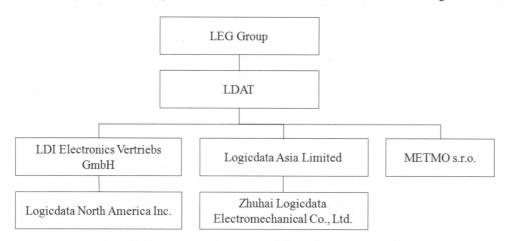

Figure 1-4   Ownership Structure of LEG Group and Its Subsidiaries
(**Source:** Announcement of Zhejiang Jiecang Linear Motion Technology Co., Ltd. on the Acquisition of 100% Equity Interests in Logic Endeavor Group GmbH and Capital Increase)

Limited are holding platform companies with no production and operation business of their own; LDAT, located in Austria, is a professional manufacturer engaged in the research, development, production and sales of electromechanical integration of adjustable furniture. Its R&D personnel account for about 1/3, and its product development capability is in the leading position in the industry. Located in the Czech Republic, METMO s.r.o. mainly provides high-quality, customized metal products for adjustable office furniture, and has a wide customer base in the European and American adjustable furniture markets.

2. Case Background

Since its establishment, Jiecang Motion has always adhered to the path of internationalization and deepened its global strategic layout. In the past 3 years, its foreign investment and M&A cases have frequently involved CEECs. The details of the acquisition of LEG Group by Jiecang Motion in 2021 are as follows.

Acquirer: J-Star Motion (Singapore) Pte. Ltd. (abbreviated as J-Star Singapore), an overseas wholly-owned subsidiary of Jiecang Motion.

Acquired party: LEG Group.

Acquisition target: 100% equity of LEG Group, thus indirectly holding 100% equity of its subsidiaries LDAT, LDI Electronics Vertriebs GmbH, Logicdata Asia Limited, METMO s.r.o., Logicdata North America Inc. and Zhuhai Logicdata Electromechanical Co., Ltd.

Transaction price: The total consideration for the acquisition is EUR 79.1784 million, and the capital increase is EUR 20 million.

Transaction method: Self-financed cash payment. The two parties confirmed that July 5, 2021 was the settlement date, and the initial purchase price would be paid in Euros, which was 88% of the total transaction consideration; at any time after the 2nd anniversary of the settlement date, the deferred purchase price, which was 12% of the total transaction consideration would be paid in Euros or Renminbi. As of July 2021, the equity settlement has been completed as scheduled and the first installment of the purchase price has been paid by J-Star Singapore, a subsidiary of Jiecang Motion.

After completion of the acquisition, LEG Group and its subsidiaries became the wholly-owned subsidiaries of Jiecang Motion and were included in the company's consolidated financial statements. Table 1-1 shows the situation of new subsidiaries of Jiecang Motion. In addition to the original 6 production bases, Jiecang Motion has added 2 new production bases in Austria and the Czech Republic, further enhancing its global position in the industry.

Table 1-1　New Subsidiaries after the Acquisition of LEG Group by Jiecang Motion

Subsidiaries	Place of registration	Nature of business	Indirect shareholding	Acquisition method
LEG Group	Austria	Investment	100%	Equity acquisition
LDAT	Austria	Production and sales	100%	Equity acquisition
LDI Electronics Vertriebs GmbH	Austria	Investment	100%	Equity acquisition
Logicdata Asia Limited	Hong Kong SAR, China	Investment	100%	Equity acquisition
METMO s.r.o.	Czech Republic	Production and sales	100%	Equity acquisition
Logicdata North America Inc.	United States of America	Sales	100%	Equity acquisition
Zhuhai Logicdata Electromechanical Co., Ltd.	Zhuhai, China	Purchasing	100%	Equity acquisition

(**Source:** Jiecang Motion 2021 Annual Report)

Note: According to the 2022 Annual Report of Jiecang Motion, Zhuhai Logicdata Electromechanical Co., Ltd. was written off on July 26, 2022.

On July 28, 2022, Jiecang Motion, through its subsidiary J-Star Singapore, invested in Hungary to establish J-Star Motion Hungary Kft. (abbreviated as J-Star Hungary), with a registered capital of EUR 1 million and a shareholding of 100%. The business scope of J-Star Hungary includes the production, research and development, and sales of intelligent electric lift control systems and linear actuator products as well as equipment and components, import and export of goods and technology, etc. On September 5, 2022, LDAT, a subsidiary of Jiecang Motion, invested in Hungary to establish Logicdata Hungary Kft., with a registered capital of HUF 3 million and a shareholding of 100%. As of the end of 2022, Jiecang Motion's investment projects in CEECs are shown in Table 1-2, all of which are in the nature of production.

On June 1, 2023, Jiecang Motion announced that it intends to increase the capital of its subsidiary J-Star Hungary by EUR 60 million through its subsidiary J-Star Singapore for investing in the construction of European logistics and production base projects in Hungary.

J-Star Hungary will be fully responsible for the construction and operation management of the project, and the investment schedule of the project will be adjusted according to the needs of production and operation.

Table 1-2 Investment Projects of Jiecang Motion in CEECs

Company	Year of acquisition or establishment	Place of registration	Nature of business	Indirect shareholding	Acquisition method
METMO s.r.o.	2021	Czech Republic	Production and sales	100%	Equity acquisition
J-Star Hungary	2022	Hungary	Production	100%	Investment
Logicdata Hungary Kft.	2022	Hungary	Production	100%	Investment

(**Source:** Jiecang Motion 2022 Annual Report)

3. Driver Analysis

Since its establishment more than 20 years ago, Jiecang Motion has been carefully laying out the path for domestic and international market development. On the one hand, it focuses on the domestic market development of traditional applications to consolidate its dominant position; on the other hand, it takes Europe and the United States, where the economy is developed and quality of life is paid more attention to, as the main target market. It develops product functions in a targeted manner, deploys overseas production capacity, and expands export channels. In this case, Jiecang Motion takes Hungary, the Czech Republic and other CEECs as an important part of its internationalization process, deeply implements its business strategy of international layout, optimizes its supply chain management system, and devotes itself to continuously improving the company's international operation capability and core competitiveness.

(1) Combine the advantages of technology research and development with international layout, and continuously improve the industrial chain

Jiecang Motion always adheres to the innovation-driven principle. It has a provincial-level high-tech enterprise research and development center and a provincial-level enterprise research institute, a professional and stable R&D team, and sufficient support for the breadth and depth of R&D. It has formed a strong technical accumulation in the field of new product design and application, and has obvious technological leadership. From a technical point of view, linear actuator technology originated in Europe; from a market point of view, Europe and North America's linear actuator system market is mature, and they are the main regions

Development Report on Zhejiang-Czech Economic and Trade
Cooperation under the Framework of the Belt and Road Initiative (2023)

14

for the consumption of linear actuator products. In view of this, from the very beginning of its establishment, Jiecangg Motion has been following the trend of the European and American markets, and is committed to becoming the world's leading supplier of linear actuator solutions by designing and developing products according to the preferences of the European and American markets in terms of product quality and functionality requirements. Over the years of operating in the global market, Jiecang Motion has steadily promoted "Going Out" policy to better serve its global customers, accumulated rich experience in project construction and cross-border management, and has formed a strong international operation advantage. In this case, the acquisition of the LEG Group, which has an outstanding R&D advantage, and the construction of a European logistics and production base are beneficial additions to Jiecang Motion's entire industrial chain of "research, production, supply, and marketing" for the European region. European R&D capability and localized production and operation are both favorable factors, which are conducive to further improving the extension of the industrial chain and enhancing the comprehensive competitiveness of the enterprise.

(2) Combine product quality advantages with production scale to enhance regional competitiveness

As the drafter of domestic industry standard, the products produced by Jiecang Motion are widely recognized in terms of quality and performance. Not only are the product performance indicators close to international brand products, but also the product quality management has been certified by international authoritative organizations. Jiecang Motion is a "Future Factory" cultivating enterprise in Zhejiang Province. Relying on the advantages of product quality and domestic and foreign production bases, it emphasizes the introduction of advanced equipment, constantly strengthens process innovation, and has the ability to quickly deliver in bulk to domestic and foreign customers. However, with the deepening of business expansion in Europe, it was difficult for Jiecang Motion to meet the needs of rapid expansion European business scale in terms of product quality and delivery capability. As the origin of linear actuator technology, the European market has high requirements for the design and development, quality control and supply efficiency of linear actuator products. Moreover, downstream customers of the linear actuator industry have strong characteristics of customization and non-standardization of product production, and they also have higher requirements for the timeliness of supply. Therefore, by building localized production bases and logistics transit bases in Europe, it can get close to the target market, and invest in local large-scale production lines, which is conducive to giving full play to the advantages of product quality. While improving product functions and performance, it can respond to market demand efficiently and speed up product delivery, thereby enhancing its industry competitiveness in Europe.

(3) Combine the advantages of sales expansion with the geographical environment, and the market prospect is promising

Since its establishment, Jiecang Motion has actively participated in various international exhibitions to directly contact customers. On the one hand, it shows the company's strength and promotes products and services to customers, and on the other hand, it learns about overseas market information, especially important information about European and American markets. When the company's products enter the overseas market, in addition to reflecting the advantages of price and quality, it also pays great attention to the brand and reputation building. By cooperating with well-known local manufacturers to jointly develop overseas markets, the company has broadened its sales channels and customer resources, thus grasping the first opportunity to expand the international market when similar domestic enterprises have not yet fully deployed business in overseas markets, and obtaining a leading edge in the development of overseas markets. In this case, the CEECs of Hungary and the Czech Republic belong to the Visegrád Group (V4) countries, located in the "heartland of the Eurasian continent", with superior geographical location, good business environment and high degree of openness. Among them, Hungary is one of the transportation network hubs in Europe, with complete infrastructure and developed logistics and communication networks; the Czech Republic has the highest transportation network density in Central and Eastern Europe, with good industrial supporting conditions, convenient transportation and logistics conditions, and stable talents and information conditions. By relying on the advantages of sales expansion and geographical conditions, it promotes the expansion of production capacity in CEECs, which can help realize close-range services with the European market and further increase market share.

4. Impact and Significance

The acquisition of LEG Group and the establishment of a new European logistics and production base project by Jiecang Motion are positive measures to improve its competitiveness in the international market and enhance its global industry status. It is also an important manifestation of pursuing external growth and implementing international development strategies, which is in line with the Belt and Road Initiative.

(1) Establish a high-end brand image and enhance global industry status

After the acquisition of LEG Group by Jiecang Motion, its channels, research and development, brand, and other aspects have been significantly strengthened. In terms of brand operation, it will continue to maintain the stability of LEG Group's management and keep the brand Logicdata independent. LEG Group will serve as the representative of Jiecang Motion in the high-end furniture market in Europe and America, better establish the brand image of Jiecang Motion in the high-end market in Europe and America, and combine with Jiecang Motion's global operation and efficient manufacturing capabilities to further enhance Jiecang

Motion's global industry status and comprehensive competitive strength.

(2) Pursue the path of external growth and increase market coverage in depth and breadth

The acquisition of LEG Group is actually an important beginning for Jiecang Motion to implement its international development strategy, and it is an important way for Jiecang Motion to pursue external growth, which is of milestone significance. Through the acquisition of LEG Group, Jiecang Motion has substantially improved its technology, brand, and channels, which not only expanded its influence in Europe and increased its market share in the European market, but also expanded its overseas market by leveraging LEG Group's overseas production base to cover other markets such as North America. In recent years, with the rapid development of the European market, Jiecang Motion has accumulated a number of high-quality and stable customer bases. The demand for products has gradually increased, which has put higher requirements on the comprehensive capabilities of suppliers in terms of simultaneous development, product deliver, local manufacturing, and after-sales service. And the European region is the 2nd largest market for smart office products, which will be an important source and key growth point for Jiecang Motion to drive business growth and performance improvement in the next 3 years. Since 2022, Jiecang Motion has planned to expand its overseas production capacity and successively invested in the establishment of wholly-owned subsidiaries and built a new European logistics and production base project in Hungary, which is another strong evidence of its pursuit of external growth and increasing market coverage in depth and breadth. By accelerating production, logistics, and market layout, on the one hand, Jiecang Motion can further expand its European business scale by combining local policies, and provide specialized services to local customers, including improving product design, enhancing product performance, and meeting individual needs of customers, thereby enhancing the market competitiveness of its products; on the other hand, it can greatly improve its supply capacity to European customers, shorten delivery cycles, reduce transportation costs, further meet customer demands, and enhance competitiveness in the European market, which is in line with the company's strategic planning and long-term interests.

(3) Resource sharing and mutual empowerment are in line with the Belt and Road Initiative

Through the acquisition of LEG Group and the construction of a new European logistics and production base project, Jiecang Motion has strengthened investment cooperation in research and development, sales, production capacity, and other areas, achieving resource integration and sharing, and promoting mutual empowerment and coordinated development, which is consistent with the Belt and Road Initiative. In the acquisition of LEG Group project, Jiecang Motion actively formed a strategic integration team to achieve deep resource integration with LEG Group in sales, production, procurement, technology, customers, etc., to promote resource sharing and mutual empowerment, and thus creating synergies in R&D,

production, market, branding, and other aspects on a global scale, to achieve mutual benefit and win-win situation. Jiecang Motion can enhance its competitiveness in the global smart office and smart home market by leveraging the brand effect and resource advantages of LEG Group, while LEG Group can optimize its profitability by using Jiecang Motion's supply chain, manufacturing, and advanced management capabilities. In addition, the investment in the new European logistics and production base project in Hungary will further improve the layout of Jiecang Motion's production base, which can better respond to the needs of overseas customers, optimize production costs and improve economic efficiency. It can also help Jiecang Motion's to be more flexible in responding to potential adverse impacts that may be brought about by fluctuations in the macro-environment, adjustments in industrial policies and changes in the international economic and trade pattern, which will have a positive significance for the sustainable development of the company.

III. People-to-People Exchanges

The Czech Republic has been an important trading partner and investment destination of Zhejiang in CEECs. The two sides have also carried out practical exchanges and cooperation in the fields of education, tourism and culture. The 3-year pandemic has brought many difficulties to the people-to-people exchanges between Zhejiang and the Czech Republic, which will be gradually resumed with the improvement of the pandemic.

1. Educational cooperation platforms are rich, subjects are diverse, and the influence is constantly improving

Educational cooperation has always been a highlight of China-CEEC cooperation. *The 14th Five-Year Plan for the Development of Education in Zhejiang Province* clearly points out that we should deepen cooperation with CEECs, enhance the influence of China (Ningbo)-Central and Eastern European educational exchange activities, and create a highland for educational cooperation with CEECs. Zhejiang has actively promoted educational cooperation with the Czech Republic and other CEECs, accumulated rich experience, and formed a number of branded, distinctive and influential achievements. China (Ningbo)-CEEC Educational Cooperation Conference has been held continuously, and has signed more than 100 educational cooperation projects with CEECs, and established cooperation or sister school relationship with nearly 100 institutions in CEECs, and achieved full coverage of educational cooperation in CEECs. Zhejiang International Studies University, Zhejiang Yuexiu University of Foreign Languages and Zhejiang Wanli University set up Czech language majors and Central and Eastern European minor languages; China Jiliang University established a Confucius Institute in Prague, and jointly built the Zhejiang-Czech Prague Silk Road Academy with the Belt and Road Czech Republic Station, Chint Group and Dahua; the Czech Research Center of Zhejiang

Financial College has innovated and practiced the reform of international talent training model of "major + language + country". At the same time, Zhejiang universities and CEECs continue to promote think tank cooperation, scientific research cooperation, and constantly enrich the connotation of educational cooperation and improve the quality of educational cooperation. For example, Zhejiang Sci-Tech University and Technical University of Liberec in the Czech Republic built a joint laboratory of advanced fiber materials to carry out international scientific and technological projects. In addition, the Zhejiang's government, industry, academia and research sectors have initiated the formation of China-CEEC Vocational College Industry-Education Alliance, Zhejiang-CEEC Education Think Tank Alliance, CEEC Economic and Trade Cooperation Think Tank Alliance, China-CEEC University Physical Education and Research Alliance, China-CEEC Music School Alliance, China (Zhejiang)-CEEC Cross-border E-commerce Industry-Education Alliance and a number of other alliances, which have helped deepen the educational cooperation between Zhejiang and the Czech Republic and other CEECs.

2. Tourism cooperation has a good foundation with obvious advantages, and there is sufficient momentum for recovery

The tourism cooperation between Zhejiang and the Czech Republic and other CEECs has a good foundation, with obvious advantages and characteristics. The China (Ningbo)-CEEC Tourism Cooperation and Exchange Week has a large scale, high level and wide participation, which not only builds a platform for CEECs to explore China's tourism market, but also promotes Zhejiang's unique tourism resources and investment environment; the large-scale activities of "Hundreds of Groups and Thousands of People Traveling to Central and Eastern Europe" has promoted the continuous exchange of tourists between the two sides, and helped establish more convenient and efficient tourism channels and improved the effectiveness of tourism cooperation; the Southeast Zhejiang-CEE Two-way Tourism Promotion Alliance has become a hub for cooperation between the Yangtze River Delta region and Central and Eastern European tourism enterprises, which helps to improve the level of tourism exchanges and cooperation with CEECs; direct cargo routes to Prague and Budapest have been opened successively, becoming a gathering place for tourists from the Yangtze River Delta region to CEECs and a major port of entry and exit for tourism. The 3-year pandemic has brought an immeasurable impact on international tourism. Although it recovered in 2022, it is still not as good as pre-pandemic levels. According to the World Tourism Organization, the number of global outbound tourists in 2022 doubled that of 2021, but was only 63% of that in 2019. According to the Czech Tourism Authority, the number of Czech tourists in 2022 increased by 71% compared with 2021, but still 12% lower than in 2019. Zhejiang and the Czech Republic actively expand tourism cooperation channels, deeply explore tourism resources, and create distinctive tourism brands. In May 2022, the Zhejiang Provincial Department of Culture and Tourism and the Chinese Embassy in the Czech Republic jointly organized the online activity of "Zhejiang Provincial Culture and Tourism Promotion Month", which lasted for nearly one month, and consisted of 29 online programs in 9 types, including exhibitions, acrobatics, dance dramas, folk music, symphonies, interviews with foreigners, gourmet food workshops, cloud classroom of tea ordering, and operas. The program vividly introduced Zhejiang's profound cultural heritage and rich tourism resources to Czech friends, further raised the brand awareness of "Picturesque Zhejiang", and promoted Zhejiang-Czech tourism cooperation, exchanges and mutual learning. At the end of 2022, China began to lift the travel restrictions related to the pandemic gradually, which has brought great benefits to the recovery of the international tourism market, and would inject new vitality into the tourism cooperation between Zhejiang and the Czech Republic and other CEECs.

3. Various forms of cultural exchanges were carried out, with active interactions both online and offline

There were various forms of cultural exchanges between Zhejiang and the Czech Republic and other CEECs. Both sides not only built international venues as a strong support, but also organized various cultural and artistic exchange activities focusing on elements of CEECs to enhance the connection between the two peoples. The Chinese Cultural Center in Sofia, jointly established by the Ningbo Municipal Government and the Ministry of Culture and Tourism, is the first Chinese cultural center in Central and Eastern Europe, and its role as an important window for "cultural diplomacy" has been continuously manifested, and it has become an important stop for domestic groups to visit Central and Eastern Europe. Zhejiang Finance College has successively built the Czech Pavilion and the Sino-Czech Cultural Exchange Center, gradually optimizing the cultural experience and exchange environment, and is committed to building a window between Zhejiang and the Czech Republic and other CEECs. In May, the Tianyi Pavilion Moon Lake Central and Eastern Europe online concert was held. It broke the traditional viewing mode and adopted the online slow live broadcasting method to form an artistic dialog with Chinese and Western instrumental music and promote the depth of cultural and artistic exchanges between China and CEECs. In October, the "Charming Central and Eastern Europe—2022 Central and Eastern European Goods Promotion Week" was launched, expanding the cultural influence of Central and Eastern European goods through 8 live broadcasts on the video account of "Central and Eastern Europe Demonstration Zone". The campaign featured in-depth excavation and interpretation of the culture and stories behind the commodities, which in turn incubated a number of CEE commodity brands with unique competitiveness and acceptance in the market. In November, as one of the important activities of the 2022 Ningbo Fashion Festival, the theme dynamic show of "Ningbo Maritime Silk Road, Fashionable Central and Eastern Europe" was released as scheduled. This was a theme fashion show that integrated the cultural elements of China and CEECs. It combined the most regional features of clothing of Ningbo, the starting port of the Maritime Silk Road, with the rich and diverse elements of ethnic patterns of CEECs, to create clothing styling that combined both Eastern and Western aesthetics. This not only promoted cultural resonance and artistic integration between Zhejiang and CEECs, but also enhanced the cultural exchanges and mutual learning between the two sides.

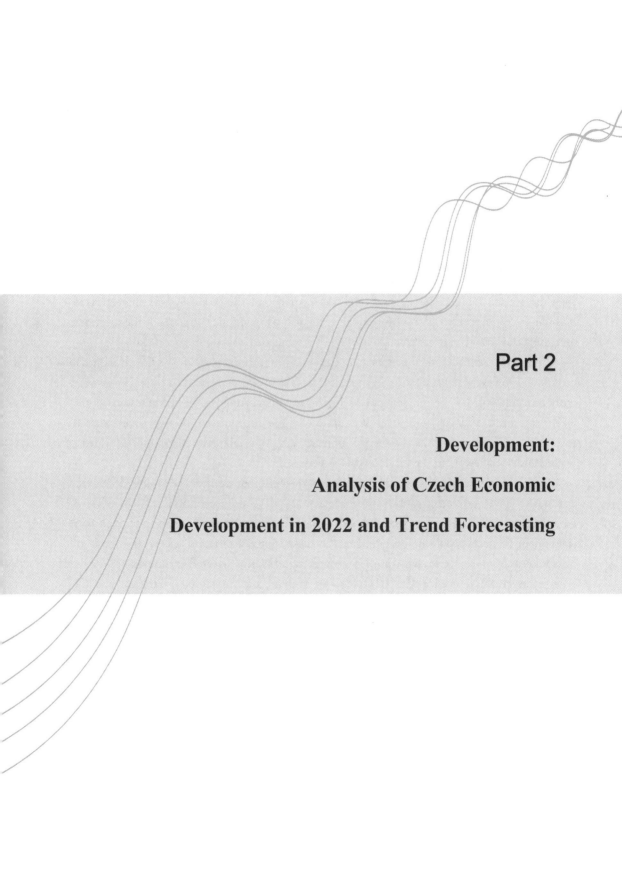

Part 2

Development:

Analysis of Czech Economic

Development in 2022 and Trend Forecasting

22

Development Report on Zhejiang-Czech Economic and Trade
Cooperation under the Framework of the Belt and Road Initiative (2023)

Introduction

◆ Overview of Czech Economic Development in 2022

In 2022, the Czech economic recovery was hindered by external factors such as inflation and energy crisis, resulting in a significant slowdown in economic growth. The GDP reached CZK 6795.101 billion, a year-on-year growth of 2.5%, which was slower than the growth rate in 2021. The overall performance of the economy was characterized by high prices, suppressed consumption, and sluggish production. While the trade of goods increased, the growth rate contracted, leading to a weakened contribution to GDP.

Industry, especially manufacturing, occupied an important place in the Czech national economy. However, its proportion in the GDP has decreased compared to the previous year, with a decline of 1.4 percentage points in the manufacturing sector. Production in the electricity, heat, and gas industries has declined. The proportion of the financial and insurance activities, as well as the service industry such as public administration, education, health, and social work, in the GDP has also decreased.

With consumption capacity weakened and economic confidence index decreased, consumers have adopted a cautious attitude toward the future economy, which led to a slower growth in household consumption demand. The government aimed to stimulate investment to drive economic growth, but the fixed capital formation was weak. Trade of goods became more active, with import growth significantly affected by the energy crisis. The trade surplus exceeded USD 1 billion in January and September. Inflation was the main factor troubling the Czech economy in 2022, with an annual inflation rate of up to 15.1%. To counter high inflation, the Czech National Bank continuously raised the benchmark interest rate to its highest level since 1999. The fiscal deficit decreased.

◆ Forecast of Czech Economic Development Trend

In 2023, the Czech Republic has continually affected by negative factors such as the Russia-Ukraine conflict, energy crisis, and high inflation, which is expected to keep the economy on the brink of recession. The optimistic estimate suggests a growth rate of 0.5%, inflation rate dropping to 11.2%, and the unemployment rate potentially rising to 3.7%.

In 2023, the Czech economy faces many challenges, and the unfavorable factors for economic recovery are as follows: High inflation remains the "tight curse" of economic recovery; the "US dollar shortage" exacerbates global financial risks and boycotts trade; insufficient energy supply remains as the "disruptor" of economic security; labor shortages continue to erode the foundation of Czech manufacturing industry. The favorable factors that can be grasped are as follows: The basic health of the economy supports the recovery of the industrial and service industries; EU funding injection promotes green and digital transformation; the international market is recovering, and foreign trade is expected to increase the contribution rate of GDP.

The economic recovery of the Czech Republic in 2022 was hindered, and the growth rate significantly slowed down. The total GDP of the Czech Republic for the year reached CZK 6795.101 billion, a year-on-year increase of 2.5%. Affected by external factors such as inflation and energy crisis, the Czech economy in 2022 mainly manifested as high prices, suppressed consumption, and sluggish production. The import and export trade of goods increased compared to 2021, but the growth rate was not as high as before, and the driving effect on GDP was weakened. In 2023, with of persistence of the concern of Russia-Ukraine conflict and the accumulation of negative effects of energy crisis, soaring prices and so on, the Czech economy is full of uncertainty. The Czech Republic is expected to be on the brink of recession in 2023, with an optimistic estimate of economic growth reaching 0.5%. Price levels are expected to continue to operate at high levels, and double-digit inflation rates are expected to be still maintained throughout the year. Currently, the Czech economy has faced many unfavorable factors, such as high inflation, intensified global financial risks, sustained energy crisis, and aging population. At the same time, if the Czech Republic can effectively grasp favorable factors such as healthy economic fundamentals, EU capital injection, and the recovery of international market demand, the economy will gradually show a recovery trend.

Ⅰ. Overview of Czech Economic Development in 2022

1. In 2022, the Czech economy faces another challenge and the recovery was once again hindered

In 2022, the Gross Domestic Product (GDP) of the Czech Republic reached CZK 6795.101 billion (equivalent to USD 290.886 billion at an average annual exchange rate of 23.36, the same below), a year-on-year growth rate of 2.5%, which was lower than the growth expectations of 4.4% by the European Commission and 3.9% by the Ministry of Finance (The Czech Republic). The growth rate was also slower than that in 2021 (as shown in Figure 2-1). Based on the constant price data of 2015, the real GDP in 2022 was CZK 5318.4 billion, and the production level of the economy and society has recovered to the pre-pandemic level in 2019.

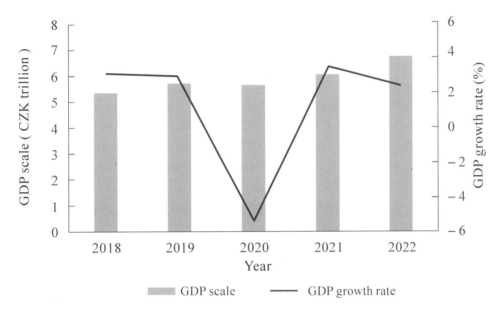

Figure 2-1 Czech GDP Scale and Its Growth Rate from 2018 to 2022
(**Source**: Czech Statistical Office)
Note: GDP scale is the price data of the current year, and the growth rate is the constant price data of 2015, the same below.

Statistics can choose to exclude the price factor to compare the changes in the production volume, which can more clearly reflect the impact of price factors on economic development. The breakdown of the quarterly GDP growth rates in 2022 can verify this impact. On a quarterly basis, the Czech quarterly GDP growth rate in current prices was above 10%, with growth rates of 11.3%, 10.6%, 11.5% and 11.5% from the 1st to the 4th quarters, respectively. Using the Volume Indices of GDP, which excluded price factors, the Czech GDP growth rate in the 1st to 4th quarters of 2022 would be only 4.7%, 3.5%, 1.5% and 0.3%, i.e., the growth rate of the Czech real production capacity has narrowed in the 1st to 4th quarters. It can be seen that the GDP growth rate in current prices was clearly inflated when there were sharp fluctuations in prices. In fact, inflation was the most important factor influencing the Czech economy in 2022. The Russian-Ukrainian conflict has caused the rising of energy prices, which has been the trigger for a domino effect. Rising raw material prices, rising transportation costs and high production costs for enterprises have led to a lack of incentive to expand production. Consumer prices remained high, cost of living increased, consumption was weak, and consumer spending shrank by 0.9 percentage points from 2021. Despite the government's intention to expand spending to boost the economy, overall consumption was not be able to create a pull effect on GDP growth in 2022. GDP growth has become more dependent on expanding investment.

In terms of sectors, Czech industrial GDP reached CZK 1730.787 billion (equivalent to USD 74.092 billion) in 2022, accounting for 25.5% of GDP, a decrease of 0.5 percentage points from 2021 (Figure 2-2). In the industrial sector, manufacturing was the backbone of the Czech national economy, with the gross manufacturing product reaching CZK 1439.393 billion (equivalent to USD 61.618 billion) in 2022, accounting for 21.2% of GDP, a decrease of 1.4 percentage points from 2021. With such a marked increase in prices, the share of Czech manufacturing output was falling rather than rising, which requires vigilance. According to data published by the Czech Statistical Office, production in the electricity, heat and gas industry sector declined in 2022, which was inseparable from the energy crisis in Europe, while the construction sector grew by 1.9% year on year, mainly thanks to an increase in the production of land and engineering works, with housing construction growing by 1.5% and civil engineering by 1.0%, but the number of construction projects and their total value decreased by 5.4% and 1.6% year on year, respectively. The automobile industry, which had a downturn due to difficulties in the supply of some of its components, recovered in November 2022 to become the mainstay of industrial growth. According to data released by Automotive Industry Association of the Czech Republic, Czech passenger car production grew by 10.2% year on year in 2022, while Skoda's production grew only by 1.9% year on year, well below the growth rates of R. O. Korea's Hyundai (17.3%) and Toyota Peugeot Citroën (34.9%). Meanwhile, new car sales in the Czech Republic fell by 7.2% year on year, and imports of used cars fell by 13.2%, the lowest since 2015. Factors affecting automobile production and sales include, among others, the continued shortage of semiconductors, the Ukraine crisis, supply chain blockages, rising energy and raw material prices, and continued uncertainty in the global market. Industries in the services sector that experienced a decline in GDP share include finance and insurance, and public administration, education, health and social work. The Czech financial and insurance sector was worth CZK 238.420 billion (USD 10.206 billion) in 2022, falling to 3.5% of GDP from 3.8% in 2021, while the value of public administration, education, health and social work services slipped by 0.7 percentage points to 14.6% of GDP. In addition to industry, wholesale and retail, transportation, accommodation and food service accounted for the highest share of GDP, with the value of services reaching CZK 1101.831 billion (equivalent to USD 47.167 billion) in 2022, or 16.2% of GDP, up 0.4 percentage points from a year ago, but it could not be ruled out that this was due to price factors.

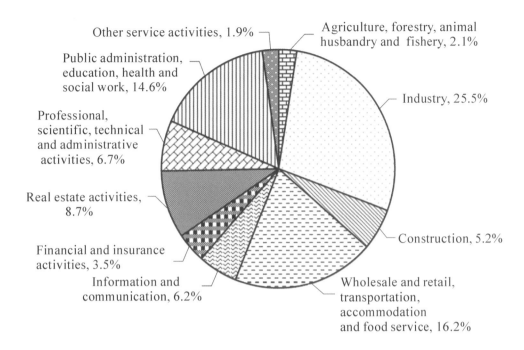

Other service activities, 1.9%

Public administration, education, health and social work, 14.6%

Professional, scientific, technical and administrative activities, 6.7%

Real estate activities, 8.7%

Financial and insurance activities, 3.5%

Information and communication, 6.2%

Agriculture, forestry, animal husbandry and fishery, 2.1%

Industry, 25.5%

Construction, 5.2%

Wholesale and retail, transportation, accommodation and food service, 16.2%

Figure 2-2   Distribution of Czech GDP Industry in 2022 [1]

(**Source:** Czech Statistical Office)

Note: Industry includes mining, manufacturing, and the production and supply of electricity, heat, gas and water.

2. Domestic demand remains the main supporting force for the economy, but caution spreads and economic confidence index decreases

Domestic demand is an important supporting force for the development of the Czech economy. As shown in Table 2-1, the size of the Czech domestic demand in 2022 reached CZK 6802.147 billion, a year-on-year increase of 14.7%, or 100.1% of the total GDP. Excluding the exchange rate factor, the supporting role of domestic demand for economic development weakened.

In terms of consumption, household consumption grew, but the impact of price factors was evident; the government's intention to increase spending was constrained by the policy objective of reducing the deficit. In 2022, total consumer spending in the Czech Republic reached CZK 4560.186 billion, a year-on-year increase of 11.7%, accounting for 67.1% of total GDP, which was consistent with 2021. Among them, household consumption expenditure reached CZK 3129.735 billion, a year-on-year increase of 15.2%,

---

1 In the statistical sense, GDP = industry output + taxes − subsidies, so there is a 9% difference in the percentage of data (taxes − subsidies).

accounting for 46.1% of total GDP; government consumption expenditure was CZK 1373.648 billion, a year-on-year increase of 4.8%, accounting for 20.2% of total GDP. After considering the exchange rate factor, the growth rate of Czech consumer spending measured in US dollars has significantly declined, with government consumption spending even shifted from positive to negative, adjusting to a decrease of 2.9%, failing to support for the GDP growth. Consumers had a cautious attitude on the future economy. According to monthly data on the economic confidence index released by the Czech Statistical Office, the average monthly consumer confidence index in 2022 was 75.5, much lower than 92.1 in 2021 and 96.9 in 2020.

Table 2-1   Contribution of the Czech Domestic Demand to GDP in 2022

Demand item	Size/CZK 100 million	Growth rate/% (local currency denominated)	Growth rate/% (in US dollars)	Percentage/ %
Total domestic demand	68021.47	14.7	6.4	100
●Consumer expenditure	45601.86	11.7	3.0	67.0
▲Household consumption expenditure	31297.35	15.2	6.1	46.1
▲Government consumption expenditure	13736.48	4.8	−2.9	20.2
●Consumer expenditure	22419.61	21.5	14.0	33.0
▲Fixed capital formation	18377.54	15.7	9.4	27.0

(**Source:** Czech Statistical Office)

In terms of investment, the government hopes to stimulate investment to drive economic growth, but fixed capital formation remained weak. In 2022, the total capital formation in the Czech Republic amounted to CZK 2241.961 billion (equivalent to USD 95.974 billion), a year-on-year increase of 21.5%, accounting for 33.0% of total GDP, an increase of more than 3 percentage points compared to 2021. Among them, fixed capital formation amounted to CZK 1837.754 billion (equivalent to USD 78.671 billion), a year-on-year increase of 15.7%. The actual investment level increased by nearly CZK 250 billion compared to 2021, but the fixed capital formation measured in US dollars shrank by USD 7.4 billion.

3. Trade in goods is becoming more active, and the import growth rate is significantly affected by the energy crisis

In 2022, Czech trade in goods continued to grow, but the growth rate was significantly lower compared to the over 20% growth rate in 2021, with import growth outpacing export growth. As shown in Figure 2-3, the Czech Republic achieved a total volume of trade in goods of USD 478.143 billion in 2022, a year-on-year increase of 8.6%. Among them, exports amounted to USD 241.879 billion, a year-on-year increase of 6.4%; imports amounted to USD 236.264 billion, a year-on-year increase of 11.1%, representing a growth of 26.1% compared to pre-pandemic levels (2019). Trade in goods gradually recovered after the easing of pandemic restrictions, and the government's economic stimulus policies played a positive role. The rapid growth in imports was mainly due to the significant increase in imports of energy commodities driven by the energy crisis.

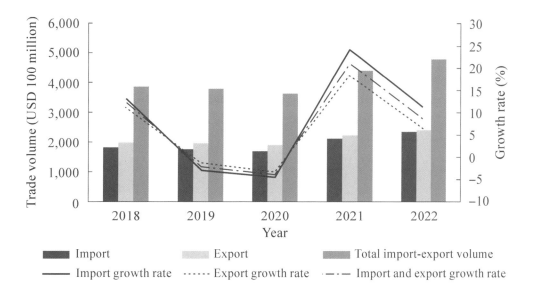

Figure 2-3   Czech Import and Export Trade Scale and Its Growth Rate from 2018 to 2022
(**Source:** Czech Statistical Office)

The Czech Republic is a typical export-oriented economy, and its economic development largely relies on the international market and is susceptible to external environmental influences. In 2022, the export dependency of the Czech Republic was 87.6%, and the import dependency was 86.5%, both higher than 2021. Looking at the trade balance, according to seasonally adjusted trade data released by the Czech Statistical Office, the trade surplus for Czech trade in goods in 2022 was USD 5.615 billion, once again hitting a historical low. Monthly trade balance fluctuated, with only a trade surplus exceeding USD 1 billion in January and September, and trade deficits in April, May, July, and August.

In terms of trade partners, 70% of Czech trade in goods still took place within the EU. In 2022, the Czech Republic exported USD 197.227 billion to the EU-27, accounting for 81.5% of its total exports; it imported USD 129.245 billion from the EU-27, accounting for 54.7% of its total imports. Looking at specific countries, the top 5 destinations for Czech exports in 2022 were Germany (32.7%), Slovakia (8.4%), Poland (7.1%), France (4.7%), and Austria (4.4%); the top 5 source countries for Czech imports were Germany (19.8%), China (18.7%), Poland (8.0%), Russia (4.8%), and Slovakia (4.2%). Notably, despite a series of Czech sanctions against Russia following the Russia-Ukraine conflict, Russia jumped from 6th to 4th place as a source of Czech imports in 2022, with imports increasing from USD 7 billion in 2021 to USD 11.374 billion in 2022, and the share of imports from Russia in Czech imports increasing from 3.3% in 2021 to 4.8%. Germany remained as the Czech Republic's largest trading partner, with the two sides accounting for 26.4% of total Czech foreign trade. China remains the 2nd largest source of imports for the Czech Republic, with the export ranking rising from 17th to 16th. Bilateral trade in goods between China and the Czech Republic amounted to USD 47 billion for the year, up 22.4% year on year, accounting for 9.8% of the Czech Republic's total foreign trade. Among them, the Czech Republic exported USD 2.7 billion of goods to China, a year-on-year decline of 10%; imported USD 44.3 billion of goods from China, a year-on-year increase of 25.1%, and a trade deficit of USD 41.6 billion with China.

In terms of traded goods, machinery and transportation equipment is the first category of goods traded in the Czech Republic, thanks to a strong industrial base. As shown in Table 2-2, the top 10 Czech exports in 2022 together accounted for 66.7% of total Czech exports over the same period, and were mainly distributed among the 3 major trade categories of machinery and transportation equipment, manufactured goods classified chiefly by material, and miscellaneous manufactured articles. The top 5 export items all belonged to the category of machinery and transport equipment, which together accounted for 49.7% of the total value of Czech exports. Of these, road vehicles (including air-cushion vehicles) were the most popular Czech goods on the international market, with exports amounting to USD 42.514 billion, or about 17.6% of total Czech exports. For China, the top 3 goods exported by the Czech Republic to China in 2022 were 1) electrical machinery, apparatus and appliances, 2) general industrial machinery and equipment, and 3) professional, scientific and controlling instruments. These products all represented the strong competitiveness of the Czech Republic in industries such as mechanical equipment, electrical electronics, precision instruments, and optical components. In addition, the Czech Republic has an advantageous position in advanced scientific fields such as biomedicine, nanomaterials, chip manufacturing, and new energy. Addressing climate change has been a common mission for all countries around the world, and promoting energy transformation is also a common proposition facing the world. China and the Czech Republic also have a lot of cooperation opportunities in green technology, green energy, and green investment in the future.

Table 2-2   Top 10 Commodities Exported by the Czech Republic in 2022

SN	Name of commodity	Category	Amount of money (USD 100 million)	Proportion (%)
1	Road vehicles (including air-cushion vehicles)	Machinery and transportation equipment	425.14	17.6
2	Electrical machinery, apparatus and appliances	Machinery and transportation equipment	253.62	10.5
3	Telecommunications and sound-recording equipment	Machinery and transportation equipment	200.77	8.3
4	Office machines and automatic data-processing machines	Machinery and transportation equipment	172.71	7.1
5	General industrial machinery and equipment	Machinery and transportation equipment	148.80	6.2
6	Miscellaneous manufactured articles	Miscellaneous manufactured articles	118.62	4.9
7	Manufactures of metals	Manufactured goods classified chiefly by material	111.35	4.6
8	Machinery specialized for particular industries	Machinery and transportation equipment	66.20	2.7
9	Iron and steel	Manufactured goods classified chiefly by material	64.97	2.7
10	Electric current	Mineral fuels, lubricants and related materials	50.85	2.1

(**Source:** Czech Statistical Office)

Note: Trade commodities are classified according to SITC (Standard International Trade Classification) two-digit code, the same below.

In 2022, the top 10 Czech imports were shown in Table 2-3, which together accounted for 59.5% of total Czech imports over the same period. Similar to exports, the top 5 imports were all machinery and transportation equipment, and the commodity categories completely overlapped, with a combined import share of 39.5%, indicating that intra-industry trade

Table 2-3   Top 10 Commodities Imported by the Czech Republic in 2022

SN	Name of commodity	Category	Amount of money (USD 100 million)	Proportion (%)
1	Electrical machinery, apparatus and appliances	Machinery and transportation equipment	282.81	12.0
2	Telecommunications and sound-recording equipment	Machinery and transportation equipment	205.29	8.7
3	Road vehicles (including air-cushion vehicles)	Machinery and transportation equipment	193.50	8.2
4	Office machines and automatic data-processing machines	Machinery and transportation equipment	144.95	6.1
5	General industrial machinery and equipment	Machinery and transportation equipment	105.54	4.5
6	Iron and steel	Manufactured goods classified chiefly by material	103.72	4.4
7	Gas, natural and manufactured	Mineral fuels, lubricants and related materials	98.72	4.2
8	Miscellaneous manufactured articles	Miscellaneous manufactured articles	97.81	4.1
9	Petroleum, petroleum products and related materials	Mineral fuels, lubricants and related materials	92.82	3.9
10	Manufactures of metals	Manufactured goods classified chiefly by material	80.81	3.4

(**Source:** Czech Statistical Office)

in machinery and transportation equipment was quite active. Energy tensions stemming from the Russia-Ukraine conflict have led to a spike in Czech energy product imports, with imports of gas, natural and manufactured surging from USD 3.633 billion in 2021 to USD 9.872 billion in 2022, an increase of 171.7%. The size of imports of petroleum, petroleum products and related materials also increased to USD 9.282 billion from USD 6.652 billion in 2021, a year-on-year increase of 39.5%. For China, the top 3 commodities imported by the Czech Republic from China in 2022 were, in descending order, telecommunications and sound-recording equipment, office machines and automatic data-processing machines, and electrical machinery, apparatus and appliances, with import values of USD 14.93 billion, USD 9.58 billion and USD 7.89 billion, respectively, accounting for 33.7%, 21.6% and 17.8% of the Czech Republic's total imports from China. Among them, telecommunications and sound-recording equipment, and electrical machinery, apparatus and appliances grew by 48.8% and 54.8% year on year, respectively, while office machines and automatic data-processing machines remained largely unchanged from 2021.

4. Inflation continues to climb, with benchmark interest rates rising to the highest level since 1999

In 2022, Czech inflation continued to climb. As shown in Figure 2-4, the Czech inflation rate was 15.1% in 2022, up 11.3 percentage points from 2021 and the highest inflation rate since Czech independence in 1993. Looking at the monthly data (Figure 2-5), the Czech inflation rate started from 2022 on a high note, already reaching 9.9% in January, and then continued to rise, climbing from 9.9% to 14.2% in January—April. The increase then continued unabated, reaching 18.0% by the end of the 3rd quarter. In terms of specific sectors, in 2022 Czech food prices rose by 16.7%, clothing and footwear prices by 18.6%, water, electricity and gas prices and transportation prices triggered by the energy crisis rose by 19% and 18%, respectively, and prices for food and accommodation rose by up to 21%. Inflation peaked and fell in September and slowly declined from October to December, locking at 15.8% in December 2022. The price pullback did not result in a stabilizing downtrend, and monthly Czech inflation reared its head in 2023. According to the latest data released by the Czech Statistical Office, as of May 2023, the Czech Republic's inflation rate reached 15.8%, making it one of the most inflationary countries in the EU members. According to Eurostat data, using the 2015 price level as a base, the Czech price level index reached 132.1% in 2022, which was better than only 3 EU members—Lithuania, Hungary and Estonia. According to the Czech National Bank forecast, Czech inflation would reach 11.2% in 2023 and is expected to return to normal in 2024, when inflation is expected to fall back to 2.1%.

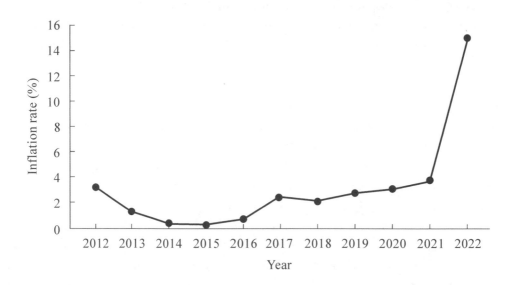

Figure 2-4   Changes of Inflation Rate in the Czech Republic
(**Source:** Czech Statistical Office)

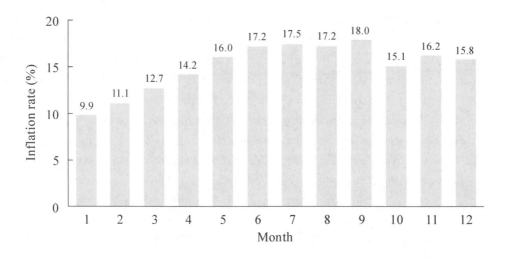

Figure 2-5   Monthly Changes of Inflation Rate in the Czech Republic in 2022
(**Source:** Czech Statistical Office)

In an effort to curb inflation, the Czech National Bank has raised the benchmark interest rate continuously since May 2020, and has already raised it 4 times in 2022 (Figure 2-6). The latest adjustment took place in June 2022, when the Czech National Bank raised its benchmark interest rate to a record high of 7%, the highest level on record since May

1999. As a result of this adjustment, the Czech prime rate quickly surged from 0.25% to 7% in two years. However, the increase in the benchmark interest rate did not alleviate imported inflation, but rather dampened business investment demand and increased business operating costs, exposing the Czech economy to the risk of stagflation.

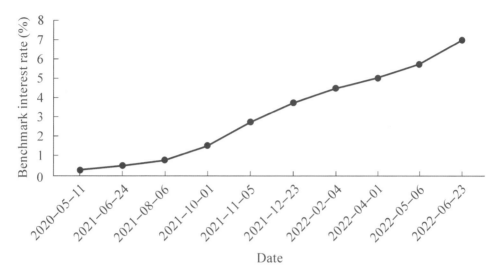

**Figure 2-6   Changes of Benchmark Interest Rate in the Czech Republic
(May 2020—June 2022)**

(**Source:** Czech National Bank)

Reducing the size of the fiscal deficit has been one of the governing programs of the current Czech government. In 2022, the Czech fiscal deficit amounted to CZK 360.4 billion (equivalent to about USD 15.4 billion), a reduction of CZK 59.3 billion (equivalent to about USD 2.5 billion) from the 2021 fiscal deficit. The decrease in the Czech fiscal deficit stemmed mainly from the lifting of the pandemic prevention and control policy and an increase in tax revenues. According to data released by the Czech Ministry of Finance, Czech state tax revenues totaled CZK 1.18 trillion (equivalent to about USD 50.7 billion) in 2022, with a year-on-year increase of 13.2%. With the exception of road tax, VAT, corporate income tax, personal income tax and consumption tax all increased to varying degrees. Among them, VAT increased by 15.6% year on year, while corporate income tax increased by 17.3% year on year. The Czech public deficit was 5.3% of GDP in 2022, down from 5.9% in 2021; government debt was 42.7% of GDP, up slightly from 2021, and the Czech Republic remained as one of the least indebted countries in the EU. The Czech Republic further controlled the size of the government budget in 2023, with the Czech Ministry of Finance approving the draft central government budget in September 2022 and projecting a fiscal deficit in 2023 of CZK 295 billion.

36

Development Report on Zhejiang-Czech Economic and Trade
Cooperation under the Framework of the Belt and Road Initiative (2023)

II. Forecast of Czech Economic Development Trend

1. Overall Trend

In 2023, the Czech economy is expected to continue to be plagued by negative factors such as the Russian-Ukrainian conflict, the energy crisis and high inflation, with the economy teetering on the brink of recession. The Czech National Bank's forecasts were relatively optimistic, as shown in Table 2-4, with the latest forecast data from May 2023 showing that the Czech economy was expected to grow by 0.5% in 2023, an upward revision of 0.4 percentage points compared to the February 2023 forecast data. In terms of GDP composition, the Czech National Bank believed that household consumption would fall sharply due to the decline in real household wages as a result of high inflation. 2023 is expected to be a tough year for households and businesses, with a range of risks to the global economy. The latest forecast released by the Czech Ministry of Finance in June also raised the Czech GDP growth rate for 2023 to 0.3% from the previous forecast of 0.1%. The Czech National Bank also forecast that inflation rate would fall to 11.2% in 2023 and 2.1% in 2024, down from 15.1% in 2022; unemployment rate would increase to 3.7% in 2023, up from 3.4% in 2022, and further to 4.2% in 2024; the public deficit as a share of GDP would reach 3.9% in 2023 and fall to 2.5% in 2024; government debt as a share of GDP would reach 44.0% in 2023 and 44.2% in 2024. The Czech Ministry of Finance's forecasts for inflation and unemployment were more optimistic than those of the Czech National Bank. The Czech Ministry of Finance forecast that inflation would fall to 10.9% in 2023 and unemployment is expected to fall to 3.0%.

A number of international institutions have also made varying forecasts for Czech economic growth in 2023, which are more conservative than the forecasts of the Czech National Bank and the Ministry of Finance. The European Commission forecast Czech GDP growth at 0.2% in 2023, the 5th lowest among EU members, with the main driver of its economic growth coming from investment growth, while household consumption would stagnate and net exports would have a neutral impact on the economy. The forecasts of 3 institutions, the European Bank for Reconstruction and Development (EBRD), the International Monetary Fund (IMF), and the Organization for Economic Co-operation and Development (OECD), are even more pessimistic, all predicting that the Czech Republic would be mired in a mild recession in 2023, with forecasts for GDP growth of −0.1%, −0.5%, and −0.1%, respectively. The IMF also expected the Czech unemployment rate to reach 3.5% in 2023. The OECD said the Czech Republic would continue to struggle with high inflation, which is expected to be 13.0% in 2023 and fall to 4.2% in 2024.

Table 2-4　Czech GDP Growth Forecast Adjustment (2021—2024)

Year	2021	2022	2023	2024	2023	2024
			Latest forecast		Previous forecast	
GDP growth rate (%)	3.3	2.5	0.5	3.0	0.1	1.9

(**Source:** Czech Statistical Office, Czech National Bank)

Note: The data in 2021 and 2022 are from the Czech Statistical Office; data for 2023 and 2024 are from the Czech National Bank. The latest forecast data are from May 2023 and the previous forecast data are from February 2023.

According to the initial data released by the Czech Statistical Office in April 2023, Czech GDP in the first quarter of 2023 declined by 0.2% year on year and increased by 0.1% sequentially. As shown in Figure 2-7, Czech economic confidence has suffered a severe setback since the 2020 pandemic, with the economic confidence index bottoming out at 77.2 points in May 2020, then gradually recovering to 104.3 points in June 2021, followed by a gradual differential oscillation. The outbreak of the Russian-Ukrainian conflict, while having an impact on the economic confidence index, was much less significant than the impact of the pandemic. Both the confidence index of industrial and service sector reached their recent peaks in May 2022 and then oscillated downward. The

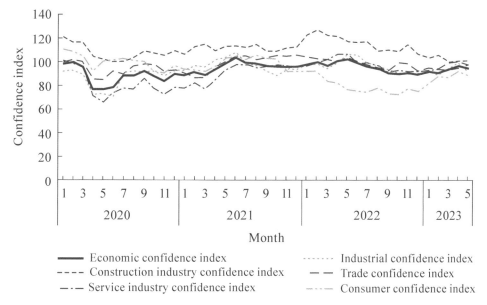

Figure 2-7　Czech Economic Confidence Index and Its Sub-Index Changes
(**Source:** Czech Statistical Office)

confidence index of service sector showed signs of recovery ahead of the industrial confidence Index, with the May 2023 confidence index of service sector having risen to 97.6 points. The industrial confidence index oscillated more than confidence index of service sector, recovering to 100.0 points in April 2023, but dipping again to 91.8 points in May. In comparison, the construction confidence index was in the high downward range, with a slight rebound in the 2nd quarter of 2023. Consumer confidence, on the other hand, was hovering at a low level, oscillating almost below 90.0 points since March 2022. Consumer confidence recovered to 88.5 points in May 2023, roughly unchanged from March 2022, and it would take time for consumer momentum to recover. The trade confidence index was relatively stable among the various sub-indices of economic confidence, with the trade confidence index picking up to 100.2 points in 2023 April.

2. Unfavorable Factors

(1) High inflation has remained a "straitjacket" for economic recovery

In 2022, global inflation spread, and the inflation rates of major economies in the world significantly increased. However, there are no signs of a reversal in 2023. The IMF estimated that the world's average consumer price index grew by 8.8% in 2022, the highest level since the 21st century. In 2022, the annual inflation rate in the United States was about 8.1%, the highest level in 40 years; the average annual inflation rate in the Eurozone was about 8.3%, the highest level since 1992; and the average annual inflation rate in the European emerging economies was as high as 27.8%. This round of global inflation contagion was mainly affected by 4 factors: The first factor is the global energy price and food price rise caused by the Russia-Ukraine conflict, which triggered cost inflation. In June 2022, the average Brent crude oil price was USD 112.5 per barrel, a year-on-year increase of more than 40%. In 2022, the increase in food and commodities was the highest since 2008, with wheat prices rising by over 40%. The second factor is the gradual recovering of the global supply chain blockages caused by the pandemic, but the trend of regionalization, short chain, and proximity of the supply chain was strengthening, leading to an increase in production costs. For example, chip shortages became a major concern for industries such as automotive and cell phone manufacturing due to the global short supply of semiconductors caused by pandemic and intensifying geopolitical conflicts. Third, the labor shortage intensified, labor costs increased rapidly, and wage levels continued to rise, further pushing up cost-based inflation. Fourth, global demand gradually recovered after the pandemic, with demand growing faster than supply recovery, triggering higher prices for goods and services. The 4 inflationary triggers mentioned above have not abated, and inflationary pressures still remain high globally. The Czech economy has also suffered from high inflation. March 2023 was the lowest month for inflation in the Czech Republic since April 2022, and even so, electricity prices rose by 29.6% year on year in that month, solid fuel prices by 53.7%, and heating (heating and hot water) prices by 44.6%. Meanwhile, prices of food and non-alcoholic beverages rose 23.5% year on year, with rice up 32.9%, flour up 33%, pork up 34%, milk up 45%, eggs up 75.5%, vegetables up 30% and sugar soaring 97.6%. The Czech economy still has to deal seriously with high inflationary pressures in 2023.

(2) The "US dollar shortage" exacerbates global financial risks and suppresses trade flows

The Federal Reserve's interest rate hike and contraction of the balance sheet have triggered a "US dollar shortage", posing risks and hidden dangers to global financial markets, as well as impacting exchange rate markets and trade transactions. The IMF's *Global Financial Stability Report*, released in April 2023, noted that the resilience of the global financial system had faced multiple tests and that financial stability risks had risen significantly. On the one hand, global inflation has sparked a competition among central banks to raise interest rates and stabilize prices. The Federal Reserve has exceeded expectations in implementing its monetary tightening policy and continuously raised interest rates, resulting in a massive inflow of international capital into the United States and a global "US dollar shortage". On the other hand, higher levels of global interest rates have triggered upheavals in the wealth patterns of global financial markets. In December 2022, the US Nasdaq was down 31.6% compared to the beginning of the year, the S&P 500 was down 19.2%, the Dow Jones Industrials was down 9.4%, the European Stoxx 50 was down 11.5%, the Nikkei 225 was down 4.4%, and the global financial markets had seen a significant shrinkage of wealth. In March 2023, banks such as Silicon Valley Bank and First Republic Bank of the United States announced their bankruptcy, and Credit Suisse was acquired by UBS Group, causing financial market turmoil. At the same time, changes in financial markets triggered a major adjustment in international currency exchange rates. The US dollar appreciated sharply and strengthened relatively in 2022. Relative to the US dollar, the euro depreciated by 6.9%, the British pound by 10.3%, the Japanese yen by 18.8%, the Czech koruna by 7.7%, and some emerging market currencies experienced severe depreciation, such as the Argentine peso, which depreciated by 40.5%, and the Turkish lira, which depreciated by 30.3%. A significant depreciation of currencies has increased imported inflationary pressures in emerging economies and also lifted up the risk of national external debt, further exacerbating the risks to the functioning of the global economy. The international credit rating agency Moody's downgraded the outlook for the Czech banking sector from stable to negative, anticipating a decline in the quality of bank loans, lower profitability and shrinking access to financing.

(3) Inadequate energy supply has remained a "spoiler" for economic security

Europe has been mired in an energy crisis, with gas shortages and electricity supply shortages growing in Europe from 2021 onwards, which was rapidly spreading to coal, oil and other energy sectors. The European energy crisis was further exacerbated by the outbreak of the Russian-Ukrainian conflict in 2022. Russia has held a pivotal position in the global energy sector, being the world's largest exporter of natural gas, petroleum products and the 3rd largest exporter of coal. Before the Russian-Ukrainian conflict, Russian oil production was about 11.3 million

40

Development Report on Zhejiang-Czech Economic and Trade
Cooperation under the Framework of the Belt and Road Initiative (2023)

barrels per day, natural gas production amounted to 762 billion cubic meters, and annual coal exports amounted to 260 million tons. On the oil front, Russia's oil exports remained at 97% of their pre-Russian-Ukrainian conflict level in 2022, despite Western sanctions on Russian oil exports. For the EU, oil import demand remained at 2.1 million barrels per day, leaving the market significantly under-supplied. In 2022, global oil prices rose by USD 30.4 per barrel. In terms of natural gas, the EU's overall gas demand fell about 10% in 2022, but total gas imports from Russia still amounted to about 60 billion cubic meters. In 2023, the EU would still face a critical energy shortage. On the one hand, Russia may further reduce its energy supplies to Europe, and gas supplies to Europe may fall to zero. On the other hand, with the recovery of China's economy, the supply and demand gap in the global energy market would further increase, and the production and supply of other energy exporting countries would still be insufficient, further intensifying global energy competition. In addition, the energy storage equipment used by European countries in 2022 has reached its limit, and there is limited space to further increase the scale of energy storage. According to the International Energy Agency (IEA), Europe's natural gas deficit would be at 57 billion cubic meters in 2023, which needs to be bridged through measures such as improving energy efficiency, installing renewable energy sources, and encouraging consumers to shift their energy consumption habits. For the Czech Republic, reducing its dependence on Russian energy is a daunting task. Prior to the Russian-Ukrainian conflict, 25.2%, 36.8% and 92.1% of the Czech Republic's fossil fuel, oil and gas imports came from Russia. In order to reduce its dependence on Russian energy, the Czech Republic has also introduced a series of policies, adopted amendments to the Energy Act, and taken initiatives to alleviate energy constraints by resuming part of the production of coal power, increasing the share of electricity generated from solar photovoltaic, bioenergy and wind power, increasing emergency gas storage, increasing imports and the use of cross-border interconnection points in both directions, and building energy communities. 2023 would still be an energy test for the Czech Republic and the rest of Europe.

(4) Labor shortage continues to erode Czech manufacturing's roots

Since 2017, the Czech Republic has been plagued by a labor shortage. Since the establishment of the Czech Republic as an independent state in 1993, the unemployment rate peaked at 8.8% in 2000 and then oscillated downward until it first broke 3.0% in 2017, where it has remained ever since. Unemployment in the Czech Republic remained low during the pandemic, at only 2.6%, 2.8% and 2.3% for the 3 years from 2020 to 2022, respectively. According to the latest data from the Czech Statistical Office, the Czech unemployment rate remained at a low level of 2.6% in the 1st quarter of 2023. In recent years, the lack of labor supply has been one of the main constraints on the Czech economy. Labor shortages have inevitably triggered a rise in workers' wages, increasing the cost of doing business and reducing the competitive advantage of exports. The average wage of Czech workers was raised from CZK 28,034 in January 2017 to CZK 41,265 in January

2023, an increase of 47.2%. However, the situation of labor supply in the Czech Republic was not optimistic. The Czech population aged 15—64 reached 6.869 million in 2022, and the country's population reached a record 10.828 million—an increase of more than 300 thousand people from 2021, mainly from Ukrainian refugees received during the Russia-Ukraine conflict. However, the proportion of the labor force of the right age in the total population has decreased from 70% in 2000 to 63%, and the trend is decreasing. According to a study by the Boston Consulting Group, the number of people aged 50—65 in the Czech Republic would increase by 36% by 2040, and the gap between supply and demand on the Czech labor market would increase from 190 thousand people in 2030 to about 400 thousand people in 2040 due to the increasing aging of the population, assuming that the employment rate for all age groups remains unchanged. By 2050, GDP per capita in the Czech Republic is expected to decline by 16% due to an aging population and a declining workforce in older age groups. Therefore, alleviating the labor shortage has been a challenge that the Czech government needs to address for quite some time.

3. Favorable Factors

(1) Healthy economic fundamentals support the rebound in the industrial and service sectors

At the macroeconomic level, the Czech Republic has a solid industrial base, sound infrastructure, relatively high market transparency and maturity, and competitive advantages in the automotive, machinery and equipment, electronic information and other industries, which are an important part of the European industrial chain. *The Global Competitiveness Report 2022*, published by the International School of Management in Lausanne, Switzerland, showed that the Czech Republic's competitiveness ranking has risen 8 places from the previous year to 26th place, its best ranking since 2016. The significant increase in competitiveness was attributed to the high level of education of the Czech labor force, harmonious labor relations, a strong manufacturing base, and a well-developed education system, among other advantages. All of these factors have made the Czech economy resilient and helped to aid the country's recovery. *The Global Innovation Index 2022 Report*, published by the World Intellectual Property Organization, ranked countries around the world in terms of national systems, human capital, infrastructure, market sophistication, business sophistication, knowledge and technology output, and creative output. The Czech Innovation Index ranked 30th globally and 19th in the European group. *The European Skills Index 2022 Report* published by the European Center for the Development of Vocational Training (ECDV), which measured the skill level of European countries in 3 dimensions: skill development, skill activation, and skill matching, showed that the Czech Republic has been ranked 1st in Europe for 3 consecutive years. *Economic Freedom of the World: 2022 Annual Report*, published by Canada's Fraser Institute, showed that the Czech Republic has been relatively transparent and liberal in terms of government regulation, legal system and market opening, and that it ranked 21st out of 165 economies in terms of economic freedom, and 1st among the V4 countries. The Czech

42

Development Report on Zhejiang-Czech Economic and Trade
Cooperation under the Framework of the Belt and Road Initiative (2023)

economy fell into a mild recession this time round, mainly due to external factors. The supporting surface of its own real economy has remained solid and would provide the Czech Republic with a boost out of the recession.

(2) EU funding injection drives green and digital transformation

EU funds are an important source of funding for the Czech economy, and the injection of EU funds after the pandemic has played an even more important role in the recovery of the Czech economy. By the impact of the COVID-19, the European Commission formulated the "EU next generation" comprehensive recovery plan, the establishment of EUR 750 billion of special economic recovery funds, and into the long-term budget of the European Union, so that the size of the European Union budget for 2021–2027 reached EUR 1.85 trillion. In July 2020, the European Commission approved the Czech National Recovery Plan (NRP), under which the Czech Republic would receive CZK 180 billion (about EUR 7 billion) in recovery funds from the EU to support economic recovery, stimulate private sector investment and strengthen the health care system, with a focus on the Green Deal and digital transformation to increase economic resilience. The Czech Republic has focused its recovery funds on high-capacity digital infrastructure and technologies, efficient energy production and use, and sustainable transportation infrastructure. The injection of EU funds has led to market forces in green transport, green energy and digitalization. The Czech government has also actively issued incentives such as subsidies for renewable energy consumption to further promote green energy consumption and stimulate the development of the corresponding industries. More than 33 thousand new photovoltaic systems and 50 thousand heat pumps were commissioned in the Czech Republic in 2022, a record, the Komora OZE said. A further 100 thousand to 200 thousand new customers are expected to purchase photovoltaic systems or heat pumps in the Czech Republic in 2023, exceeding the 2022 number. In addition, the Czech Republic has launched a project for the construction of a nuclear industrial park in South Bohemia, which is expected to be completed in 2032 with the construction of the first small modular reactor in the Czech Republic. In addition to the Recovery Fund, the Czech Republic has received other financial support from the "EU next generation" recovery plan, such as a EUR 1.64 billion subsidy from the EU's Fair Transition Fund to support the transition to cleaner energy in the coal-producing regions of Karlovy Vary, Ústecký kraj and Moravskoslezský kraj.

(3) Foreign trade expected to increase GDP contribution as international market recovers

The world economy has been severely tested by the multiple blows of the pandemic, the Russian-Ukrainian conflict and geopolitical conflicts. Over time, the impact of the pandemic on the world economy has eased and production has been gradually recovering, with consumption rebounding strongly in some countries. The war in the Russia-Ukraine conflict has not been resolved, but the fear of the market has been released to a certain extent, and social life has slowly returned to normal. Czech foreign trade exports showed signs of warming up in January–April 2023, with the size of Czech exports increasing to USD 86.47 billion from USD 79.46 billion in the same period of 2022, up 8.8% year on year and the size of exports to 39 countries or regions increasing year on year, with 25 of them increasing by more than 10%, accounting for more than 65% of total Czech exports in the same period. Germany, the Czech Republic's largest trading partner, imported USD 28.79 billion from the Czech Republic in January—April 2023, up 10.3% year on year. Other major trading partners, such as Poland, France, Spain, Hungary, and Romania, all experienced import increases of more than 10%. Foreign trade has been of vital importance to the Czech Republic, and the recovery of international markets are expected to give momentum to the Czech economic recovery. Since January 2023, the Czech Republic has resumed its foreign trade surplus, the size of which has been increasing month by month, and it has been retaining a high trade surplus with the EU members, which has been an important support for the Czech Republic's GDP growth.

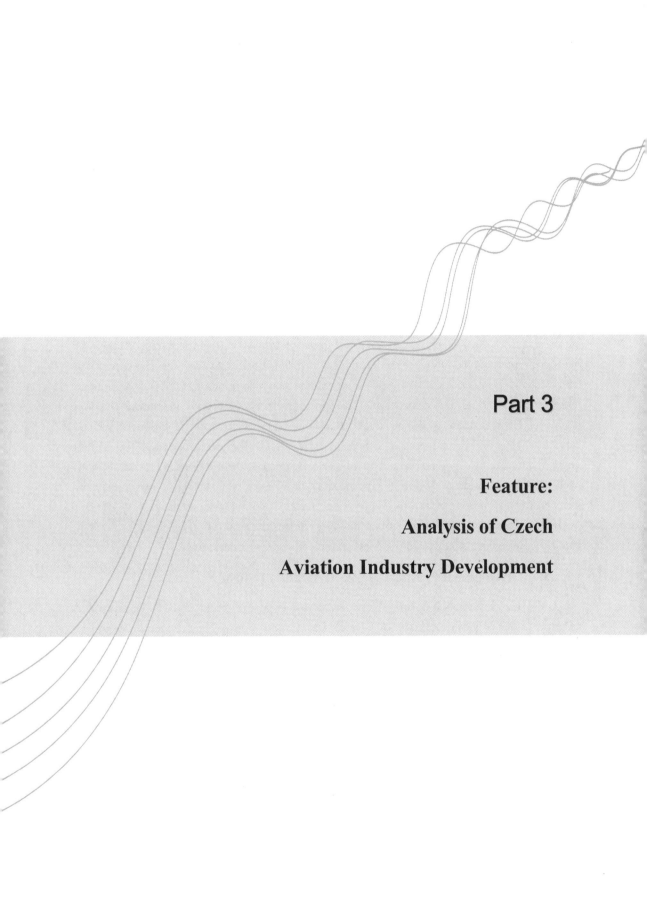

Part 3

Feature:

Analysis of Czech

Aviation Industry Development

Introduction

◆ Current Situation of Czech Aviation Industry Development

The Czech aviation industry has a century-long history and a complete industrial chain, consisting of 5 key players: research and development (R&D) organizations, design and engineering enterprises, manufacturers, maintenance and repair service providers, and operation and service providers, which has achieved full upstream and downstream coverage. Enterprises with great international influence are leading enterprises with strong comprehensive capacity to carry out independent research and development and manufacturing of aircraft. In addition, a number of world-renowned backbone enterprises have also emerged in various aviation segments. External trade is closely linked to various types of aeronautical products, such as aircraft, engines and components, and there are differences in the products traded in the EU's internal and external trade markets. The investment climate and conditions are favorable, with well-developed infrastructure and a dense network of airports, while an open environment for foreign investment is a key factor. The enabling effect of convergence applications is evident, with the gradual development of important areas such as the application of digital technology and the convergence of advanced materials and manufacturing processes.

◆ Development Prospect of Czech Aviation Industry

The Czech Republic is one of the few countries in the world that can produce and develop airplanes locally. On the one hand, the aviation industry has unique development advantages, mainly reflected in industry associations, industrial clusters, government policies, market demand, education and training, R&D and innovation, etc. On the other hand, the aviation industry is also facing a lot of problems and challenges, mainly reflected in the natural environment, geopolitics, information technology and human resources. In recent years, the Czech aviation industry has moved with the times and continues to explore and innovate in the pioneering areas such as unmanned aerial vehicles and electric vertical take-off and landing vehicles. Looking to the future, the Czech aviation industry, as the backbone of its high-tech sector, encompassing 9 aspects of the Czech innovation strategy, will play an important role in the global aviation industry, capitalizing on the economic vision of the Czech Republic as "The Country for the Future" and taking advantage of the opportunities.

The

Czech aviation industry has been at the forefront of development in Europe for over a century and is a traditional Czech strength. Over the past hundred years, the Czech Republic has built up a world-renowned aviation industry, and is one of the few countries in the world to have "in-house" production of airplanes from basic production to final assembly. The Czech aviation industry is growing rapidly and its manufacturing system is improving, thanks to a competitive advantage in core technologies, a highly skilled workforce, a favorable regulatory environment, and the government's strong focus on innovation. Excellent quality, reliable performance and first-class innovation have made the Czech aviation industry highly regarded, and the major brands are known for their innovative products and services. Currently, the Czech aviation industry has the capability to develop the world's most sophisticated aircraft engines and is one of the world's strongest manufacturers of aircraft engines and ultralight aircraft.

Ⅰ. Current Situation of Czech Aviation Industry Development

1. Full coverage of the upstream and downstream of the industrial chain

Shortly after the invention of airplanes in the early 20th century, the Czech Republic had aircraft factories and engine factories that have continued to this day. The Czech Republic has a complete chain of aircraft production, with production types including small transport, trainer and light fighter aircraft, sport and agricultural aircraft, ultralight aircraft, and gliders. In addition to traditional jet trainers and light fighters, the Czech Republic mainly produces civil, sport and private small airplanes, and is the 2nd largest producer of ultralight aircraft in Europe after Germany. A quarter of all ultralight aircraft sold in the world are produced in the Czech Republic. It is worth mentioning that the Czech Republic is among the world leaders in the production of high-quality components for large transport aircraft, military aircraft, bombers and helicopters. According to the CzechInvest, the Czech aviation industry has built 32 thousand airplanes and 37 thousand engines in its more than 100-year history. Over the past century, the Czech aviation industry has transformed itself from a popularly recognized "small country" into a significant player in the global aerospace manufacturing industrial chain through flexible foreign cooperation and subcontracting.

The Czech aviation industrial chain covers all aspects of aircraft manufacturing and services, with a large number of participants, a high degree of interdependence and a wide range of coverage. The industrial chain consists of 5 key players, including research and development (R&D) organizations, design and engineering enterprises, manufacturers, maintenance and repair service providers, and operation and service providers.

(1) Research and development (R&D) organizations

The R&D phase lays the foundation for industrial innovation and technological progress, and has a profound impact on the development of the aviation industry. The Czech Republic is home to a number of world-class research and development institutions and research centers, including Czech Technical University, Institute of Aerospace Engineering, Czech Aerospace Research Center, etc. These institutions continue to conduct cutting-edge research on various aspects of the aviation industry, such as aerodynamics, materials science, propulsion systems, etc.

(2) Design and engineering enterprises

The Czech aircraft design and engineering industry has a 100-year history. As early as the 1920s, Czech-designed airplane styles were widely used in many European countries. Thanks to reliable quality and innovative design, Czech aircraft design and engineering companies continue to develop international markets and have achieved excellent business results. The main Czech aircraft design and engineering companies include Aero Vodochody, První brněnská strojírna Velká Bíteš (PBS), České Dopravní Strojírny and Honeywell Aerospace.

(3) Manufacturers

The Czech Republic is home to many world-class manufacturers. Aircraft manufacturers have state-of-the-art technology and production equipment to produce quality products in strict accordance with aviation industry standards. The main Czech aircraft manufacturers include Aero Vodokhodi, GE Aviation Czech, Honeywell Aerospace and PBS, among others.

(4) Maintenance and repair service providers

In addition to aircraft manufacturing, the Czech Republic is a world leader in service capabilities for aircraft maintenance and repair, providing important guarantees of high quality, safety and airworthiness standards throughout the entire life cycle of an aircraft. The main Czech aircraft maintenance and repair service providers include Czech Technical Service, Airbus Services Czech Republic, LOM Praha and Honeywell Aerospace.

(5) Operation and service providers

Czech Airlines is one of the oldest airlines in Europe and has been serving customers since 1923. Thanks to its 100 years of experience in air transportation operations, Czech Airlines has been selected as the preferred service provider in this sector among many other airlines. As the flagship air carrier in the Czech Republic, Czech Airlines offers air services from the Czech capital Prague to more than 90 destinations in 45 countries or regions. In particular, the comprehensive network of direct flights to Europe ensures the shortest possible transportation times and is the main competitive advantage of Czech Airlines.

2. High international influence of enterprises

The aviation industry is relatively small within the Czech industrial system, but the industry continues to grow in size and importance, with many world-class aircraft manufacturers and suppliers. According to the latest data from the Czech Statistical Office, the share of production activity of other means of transportation and equipment in the Czech Republic (including the aviation industry) in the country's gross value added of the economy was about 0.6%, with the aviation industry accounting for one-third of this. The Czech aviation industry has more than 120 companies and more than 20 thousand skilled professionals, including a wide range of large traditional companies as well as smaller start-ups. Středočeský kraj is the region with the highest concentration of the Czech aviation industry, and is currently home to 7 aircraft manufacturers, including one of Europe's largest, Aero Vodokhodi. There are several other smaller aerospace companies located throughout the country, including in the cities of Pardubice, Hradec Králové and Ostrava. These companies have made a significant contribution to the Czech aviation industry, helping the country to become a leader in the global aviation market.

(1) Aero Vodokhodi

Founded in 1919, Aero Vodochody specializes in the design and production of military and civil aircraft, with its main production facility located at Vodochody Airport in Prague's eastern district. Aero Vodokhodi is one of the oldest aircraft manufacturers in the world and the largest Czech aviation industry company. In the field of military aircraft, Aero Vodokhodi is a reliable and long-standing partner of many air forces around the world, having gained a global reputation for the production of L-39 and L-159 jet trainers and light fighters. Aero Vodokhodi has experience in running operations in various climatic environments (tropical, desert, coastal, temperate etc.) and is one of the 9 companies worldwide that can produce jet trainers and has the capacity to complete the processes of mapping, development and certification. Currently, Aero Vodokhodi produces parts for the S-76C Black Hawk helicopter, mainly for Sikorsky Aircraft Corporation, and regional airliner parts for Alenia Aeronautica, Embraer S.A. and Boeing, among others.

(2) Latecoere Czech Republic

Latecoere Czech Republic was the first Czech aircraft manufacturer, developing and manufacturing parts and assemblies for civil and military aircraft. The former Letov, the first Czechoslovakian airplane factory, was founded in Prague in 1918. In 2000, part of the Letov plant was integrated into the French Latecoere Group as a subsidiary. In 2013, Letov was reintegrated with its parent company and renamed Latecoere Czech Republic. Currently, Latecoere Czech Republic produces specialized aeronautical components for major global aircraft manufacturers such as Airbus, Embraer S.A., Boeing and Dassault. Latecoere Czech Republic plays an important role in the overall Group portfolio, specializing in the production of components made of difficult-to-machine metals, aluminum alloys, and composite materials, as well as in the surface treatment of components for the other plants of the Latecoere Group. In addition, the plant of Latecoere Czech Republic in Letna, Prague, offers a range of highly specialized services, including the production and assembly of cabin doors for the full range of Dassault Group aircraft.

(3) SEKO

SEKO was established in 1991 and currently has 6 factories, 3 of which are located in the Czech Republic. They mainly produce aviation industrial components, steam turbine components, and stamping mold design and manufacturing, while 3 are located abroad, namely Germany, Brazil, and India. They mainly produce components for steam turbines, complete sets of drilling rigs, and rolled blade profiles. In addition, SEKO has sales offices in Germany, Italy, and India.

(4) GE Aviation Czech

GE Aviation Czech is a company engaged in the design, manufacture and maintenance of turboprops for aircraft used in commercial, business and general aviation. The company is part of the General Electric (GE) global network and belongs to the GE aviation division, which was created through the acquisition of Walter Aircraft Engines in the Czech Republic. Walter Aircraft Engines is a small turboprop engine manufacturer with a legendary history. The Walter aircraft engines produced by the company before World War II were used by air forces in multiple countries around the world; During World War II, it produced Argus engines for Germany and was licensed to produce the most advanced BMW 003 turbojet engine in the world at that time; After World War II, the Soviet Walter M-05 jet engine was produced for use in the MiG-15 fighter jet and exported to multiple countries. After acquiring Walter Aircraft Engines in 2008, GE formed the GE business and general aviation business units. The development and production center of GE Aviation Czech is located in Letna, Prague, and is the only company to design GE aircraft engines outside the United States.

(5) ATEC

Founded in 1992, ATEC started as a custom manufacturer of light aircraft components and is one of the leading companies in the Czech Republic for the production of advanced composite materials used in light sport aircraft, with hundreds of aircraft delivered to date. The company's production site is located in Libice nad Cidlinou, Nymburk.

(6) ZLÍN Aircraft

ZLÍN Aircraft, one of the world's oldest aviation brands, was founded in 1934 and is headquartered in Zlín, Czech Republic. The company initially started with the production of gliders and single-engine trainers and later expanded its portfolio to include sports and agricultural aircraft.

(7) Zall Jihlavan Airlines

Zall Jihlavan Airlines specializes in the design, manufacture, sale, and maintenance of all-metal and composite light aircraft. The Skyleader brand has been on the market for over 25 years. The company produces aircraft for 3 different purposes: recreational flying, pilot training and special operations.

In July 2015, Zigong Tonghang Airport Development Co., Ltd., a subsidiary of AVIC Sichuan Aviation Industrial Bureau, signed a formal agreement with Zall Jihlavan Airlines on the cooperative production of the Skyleader 600 (SL600) two-seat light aircraft. In September 2016, two Zigong-assembled SL600 light aircraft successfully realized their maiden flight. Currently, there are two production bases for SL600 light aircraft in China, Zigong in Sichuan Province and Wuhan in Hubei Province.

(8) PBS

PBS, also known as First Brno Engineering Plant, is a leading manufacturer of products and equipment for the international aviation industry. PBS develops, tests and produces aircraft-related equipment in accordance with global aviation industry standards, mainly designing and developing small jet engines for airplanes, unmanned aerial vehicles (UAVs), target drones, auxiliary power units and environmental control systems for airplanes and helicopters, as well as all related manufacturing processes, including precision casting, high-tech machining of metals and post-assembly of finished products. In addition to aerospace equipment, the company offers products and services in the areas of precision casting (turbine impellers, turbine blades, insulating cotton rotating discs, femoral components), cryogenics (helium expansion turbines, compressors, pumps), electroplating, and others.

(9) Avia Propeller

Manufacturing companies in the Czech aviation industry have also performed well in the field of propeller production. Avia Propeller, headquartered in Prague, is a well-established enterprise with a century of history. Founded in 1919, it is one of the most important aviation technology suppliers in the Central and Eastern Europe region. Since its establishment, the company has been specializing in the production of propellers, and its all

52

Development Report on Zhejiang-Czech Economic and Trade
Cooperation under the Framework of the Belt and Road Initiative (2023)

metal propellers have a good reputation worldwide and are supplied to engine manufacturer Lycoming.

(10) Woodcomp

Woodcomp, located just a few kilometers from Avia Propeller, specializes in wood and composite propellers. The company supplies products to dozens of countries around the world, and the propellers it produces are exported to South Africa, China, Japan and other countries and regions.

(11) Transcon Electronic Systems

Founded in 1990, Transcon Electronic Systems is the Czech leader in the field of airport and heliport equipment and one of the top 5 global suppliers of airport technology. With its highly skilled professional R&D team, production workshops, prototype labs, optical labs and service department, the company focuses on providing customized solutions for airport and heliport lighting systems, including the necessary hardware and software, power supply and monitoring systems, complete modular solutions for small regional airports, and more.

(12) Primoco UAV

The UAV industry has been continuously developing around the civilian and military markets, and has become one of the important sub sectors of the Czech aviation industry. Primoco UAV, established in 2014, is a leading drone company in the Czech Republic and the only company in the world to develop and manufacture tactical UAVs. It has also obtained a military aerospace design and manufacturing license and a civilian light drone operation license. Unlike existing military equipment UAVs, their drones are mainly used for civilian air operations, supporting various applications such as border protection, security, pipeline monitoring, remote infrastructure management, and covering many fields such as agricultural solutions and monitoring systems. They have successfully entered the markets of Asia, the Middle East, Africa, and South America. In 2015 and 2016, Primoco UAV was named one of the top 100 Czech companies and was awarded the Design and Innovation Award for its drone system. In February 2022, Primoco UAV obtained a Light UAS Operator Certificate (LUC) issued by the Czech Civil Aviation Authority. This is the first time in the world that a LUC certificate has been issued for unmanned fixed wing aircraft in Europe, and it is also the highest authorization that can be achieved under existing European regulations.

(13) Kubicek Balloons

Kubicek Balloons, founded in 1898, is a Czech manufacturer of hot air balloons and airships. It is the only hot air balloon manufacturer in Central and Eastern Europe and one of the world's largest manufacturers of hot air balloons. Its factory is located in Brno and is currently the most modern hot air balloon factory in the world. The company has a quality certificate in design, production, and maintenance that meets the European Aviation Safety Agency (EASA) standards. It is one of the first hot air balloon manufacturers to hold the European hot air balloon type certificate and the only European manufacturer to use unique high-strength polyester balloon fabric to make hot air balloon covers. In addition, the company also produces ultra light and light sport aircraft under the name of Kubicek Aircraft.

3. Strong external trade linkages

The aviation industry plays an active role in the Czech national economy and is one of the most important contributors to the Czech international trade sector. The Czech aviation industry is involved in the manufacture and export of all types of aeronautical products, including aircraft, engines and other aerospace components. The Czech Republic has not only inherited a tradition of high-quality production processes in the production of airplanes and their components, but also enjoys a good reputation in the world for its ability to develop almost all technologically advanced aerospace products. Most of the products are exported to overseas markets, including Europe, Asia and North America. Exports of Czech aviation industry products have grown by more than 10% per year over the past 10 years. At the same time, the Czech Republic imports a wide range of products for the aviation industry from other countries, including raw materials, components, semi-finished products used in the production of products for the aviation industry, in order to support its production operations and to meet customer demand for its products.

In terms of trading companies, Aero Vodokhodi is undoubtedly one of the most important trading companies in the Czech aviation industry with a global influence. ERA Radar Technology (ERA), located in Pardubice, Czech Republic, is known around the world, along with Aero Vodokhodi, as a producer of passive radar systems for monitoring air traffic. In 2022, ERA sales exceeded CZK 1 billion, with 2/3 of orders from the military sector and 1/3 from civil aviation. Sales revenues were primarily derived from the sale of its unique VERA-NG radar system. Currently, ERA exports tracking systems to more than 60 countries, with Europe and Southeast Asia being its top two markets.

In terms of trade markets, the Czech Republic is an important player in the global aviation industry and has established solid trade relations with a number of markets around the world, mainly in Europe, North America, Asia and the Middle East, where there is a huge demand for airline products and services. Germany is the most important trading partner for Czech aviation industry exports, followed by France, another aviation industry powerhouse. The Czech Republic has several subcontracts with the European Airbus Group (AIR). On Airbus aircraft, cabin doors, galley and washroom modules, and structural components of the outer shell are made of aluminum alloys, titanium or steel of Czech origin. When exporting products to the EU, the Czech aviation industry plays the role of a subcontractor of airplane and helicopter components and a supplier of small airplanes, and

54

Development Report on Zhejiang-Czech Economic and Trade
Cooperation under the Framework of the Belt and Road Initiative (2023)

is also involved in the development and supply of complex aircraft components. Exports of the Czech aviation industry to countries outside the EU are dominated by complete airplanes and helicopters of all sizes. The United States is also one of the main trading partners of the Czech aviation industry. The Czech Republic exports small airplanes and helicopters to the United States and imports from the United States medium- and large-sized airplanes, aircraft landing gear and other aircraft components. In addition to the countries mentioned above, other major export destinations for the Czech aviation industry include Austria, the United Kingdom, the United Arab Emirates and Canada.

In the case of China, the Chinese market is currently small but has huge potential. China's civil aviation industry is booming with the continuous improvement of relevant national regulations. Czech aviation industry companies are gradually entering the Chinese market, for example, radar systems of ELDIS Pardubice (ELDIS) and ERA have been put into use in China. In addition, Sichuan Airlines Group, the Czech F-AIR Pilot School and the Civil Aviation Administration of China (CAAC) Flight Academy are working together to build a world-class, overseas first-class school-enterprise cooperative institution by starting with flight training and gradually expanding to air traffic management, flight service, cabin crew and related aviation professional fields.

4. Favorable investment climate and conditions

The Czech aviation industry is booming and cannot be separated from the industry's favorable investment environment. One of the key factors for a favorable investment climate in the Czech aviation industry is a well-developed infrastructure. Located in the center of Europe, the Czech Republic is a bridge between the markets of Eastern and Western Europe. The Czech Republic is a relatively small country, but has a dense network of airports and the highest quality of air transportation infrastructure among the V4 countries. There are 93 airports in the Czech Republic, of which 24 are international airports, 5 are commercial air transportation airports and 63 are heliports. With more and more airlines opening routes to and from the Czech Republic, air traffic in the country is becoming increasingly busy. The dense transportation road network not only serves the entire Czech Republic, but also closely connects the Czech Republic with other regions in Europe and even around the world, making it one of the world's advanced countries in terms of transportation infrastructure. Since becoming a member state of the EU, the importance of the Czech Republic as a transit hub has continuously increased.

Commercial air transport airports play a vital role in the Czech transportation network. Václav Havel Airport Prague is the largest and busiest airport in the Czech Republic and is located in the capital city of Prague, where it serves as both a hub for Czech Airlines and a major gateway to the Czech Republic for travelers from around the globe. Brno-Turany Airport is the 2nd largest airport in the Czech Republic and is located in Brno, a regional airport that connects Brno and the surrounding area with the rest of the Czech Republic and the rest of Europe. The other 3 airports, Leos Janacek Airport Ostrava in the northeastern part of the Czech Republic, Karlovy Vary Airport in a popular Czech tourist destination, and Pardubice Airport, are regional airports that connect the city and the surrounding area to the rest of the Czech Republic and the rest of Europe. These 5 airports are an important part of the Czech national economy, supporting the country's trade, tourism and other key sectors.

An open environment for foreign investment is another key factor in the development of the Czech aviation industry. Since 1993, the Czech Republic has attracted significant foreign direct investment (FDI) and has the highest FDI per capita of any central European country. According to EU law and OECD regulations, the Czech Republic shall grant the same treatment to national and foreign investors. There are no restrictions on the import or export of capital, and the government provides incentives to promote and encourage investment in certain industries and regions. At the same time, the Czech political and macroeconomic environment is more stable and less risky to invest in. The Czech Republic is a member of the Multilateral Investment Guarantee Agency (MIGA) and can provide non-commercial risk guarantees to investors. MIGA is an international investment protection organization affiliated with the World Bank. The Czech Republic has also signed a number of bilateral treaties on the support and protection of foreign investments and has also concluded agreements on the avoidance of double taxation.

5. Evident empowering effect of convergence applications

The Czech aviation industry is advancing convergence applications using emerging technologies and innovative solutions to improve the industry's productivity, safety and sustainability. Convergence applications are also transforming the aviation industry, changing the way airplanes are designed, built and operated through the application of digital technology, the convergence of advanced materials and manufacturing processes, and continuing to drive innovation and operational efficiency. For example, the use of technologies such as predictive maintenance and remote monitoring to monitor the performance and health of aircraft not only reduces aircraft downtime, but also improves safety; and the use of advanced manufacturing technologies, such as composite materials and 3D printing, to reduce the weight of the aircraft and improve its structural integrity while improving fuel efficiency and safety and mitigating the impact on the environment.

Digital technology integration is one of the most important areas of integration applications in the Czech aviation industry. Like other industries, the aviation industry is transitioning to modernization and digitization to increase operational efficiency and improve its innovation framework. For example, the Czech aviation industry is using digital tools such as virtual reality and simulation to optimize the design and testing of aircraft components and systems, helping to speed up the development process, improve the accuracy of testing, and reduce the cost of the development process. Indeed, digital transformation touches a wide range of industries, including airports, airlines, equipment manufacturers and service providers, and is central to decision-making. At the same time, data-driven business models will extend throughout the supply chain. On the one hand, digital technology has changed the way airlines manage and track operations and maintenance, covering the entire process from predictive maintenance to digital inspection reports, helping to improve the efficiency of business operations and aircraft utilization, and reducing airline costs. On the other hand, digital technology also plays an important role in improving the safety and security of air travel by helping to prevent potential problems from developing into major ones by using digital systems to track and monitor aircraft performance in real time.

Currently, there are 19 aviation IT startups in the Czech Republic, including Simple Way, Era, PilotToolbox, 737 Handbook and others. Simple Way covers transportation hubs such as airports, railroads and seaports to form a unified passenger information service platform. The company provides a single-point traveler communications platform that distributes information to travelers in real time in different communication modes and provides content management solutions for administrative departments. Era provides cloud-based surveillance and air traffic management solutions for airports. The company also offers solutions such as vehicle tracking systems wide-area multi-directional systems, altitude monitoring devices, parallel runway monitoring, and military and air defense simulators. PilotToolbox provides flight log solutions for airline pilots, offering flight data logging, statistical charts, flight tracking, data synchronization, and more. 737 Handbook provides pilots with application-based interactive technical guides featuring Controller Pilot Data Link Communications (CPDLC), Aircraft Communications Addressing and Reporting System (ACARS), a simulator with Flexible Manufacturing Cells (FMCs), a flight deck model, news boards with technical blog posts and videos of different engine malfunctions and the operation of various systems, etc.

II. Development Prospect of Czech Aviation Industry

The Czech Republic is one of the few countries in the world that can produce and develop airplanes locally, and has not only a well-developed aerospace manufacturing system, but also competitive human resources, training more than 10 thousand aerospace employees with scientific backgrounds or proficiency in the academy, and the cost per employee with the same level of expertise is only about 50% of that in Western countries. The aviation industry, as the backbone of the Czech high-tech sector, encompasses 9 aspects of the Czech innovation strategy and actively implement the Czech economic vision of "The Country of The Future".

1. Development Advantages

(1) Industry associations

The main Czech associations involved in the aviation industry are the Association of the Czech Aerospace Industry, the Confederation of the Czech Aviation Industry and the Light Aircraft Association of the Czech Republic.

The Association of Czech Aerospace Industry has 37 corporate members, including large general contractors, system suppliers, manufacturers of aircraft assemblies and components, small specialized companies and others. Member companies cover all aspects of aerospace system design, development, production, maintenance and operation, covering the entire life cycle of an aircraft. Production operations include military and civil aircraft, aircraft engines and weapons systems, space research, production of aircraft system components and assemblies, and related specialized software.

The Confederation of the Czech Aviation Industry was founded in 2011 and consists of 23 corporate members and 6 affiliated members. The aim of the association is to promote economic cooperation among its members, to help them obtain new orders, to support investments in new projects with industrial applications, to promote aviation education, to improve the business environment in the industry and to enhance the competitiveness of the Czech aviation industry. In this direction, Confederation of the Czech Aviation Industry focuses on the following 4 objectives: to increase the competitiveness of the Czech aviation industry; to expand cooperation within the Confederation and to integrate competencies and expertise; to support and promote the development of human resources in the aviation industry; and to promote the improvement of the business environment in the industry.

The Light Aircraft Association of the Czech Republic is an association of pilots, builders, designers, manufacturers and operators of light aircraft with a maximum take-off mass of up to 600 kg, and is the 2nd largest organization of microlight aircraft associations in Europe. The association has more than 7000 members, more than 7300 registered aircraft and more than 13,700 active pilot licenses. The Association is the competent authority in the Czech Republic for the certification, licensing and operation of microlight aircraft, including paragliders, powered paragliders, hang gliders, rotorcraft, helicopters, weight-transferring and aerodynamically controlled microlight aircraft.

(2) Industrial cluster

The Czech Republic has formed an aviation cluster of some size, with most airlines and organizations cooperating with the world's leading manufacturers in the aviation sector and participating in research projects of the world's top aviation industry. The regional distribution of the industry is centered on Prague and its surroundings, and the large airlines in the cluster not only provide a large number of jobs in the region, but also attract a large number of manufacturers and service providers of products and services related to the aviation industry. The Czech aviation industry is also attractive to innovative companies because of its ability to develop structural components and integrate them with a wide range of aircraft and systems. In addition, Czech Airlines has the development capabilities to provide first-class solutions in the field of artificial intelligence, big data, and the Internet of Things, and as a result, is increasingly involved in international R&D projects. Whether in pan-European projects such as Horizon 2020 or in specialized projects such as Clean Sky 2, the results of Czech Airlines are clear to see.

The clusters provide the Czech aviation industry with a range of specialized resources, knowledge and technical support for the industry's continued growth. In addition to airlines, the industrial structure of the Czech aviation industry includes a range of institutions and organizations, including universities and research institutes involved in aeronautical research and development, as well as trade associations and regulatory bodies that provide support to the aviation industry. Such institutions and organizations are closely connected, cooperate efficiently and share information, and play an important role in supporting the growth and development of the Czech aviation industry.

(3) Government policy

The Czech Government has played an important role in promoting the development of the aviation industry. The Czech government offers various incentives and tax benefits to companies in the industry to encourage more companies to start aviation business in the Czech Republic. At the same time, the Czech government invests in research and development projects in this field, providing support for industry innovation and emerging technology development.

The Czech Ministry of Industry and Trade considers the aviation industry as one of the priority sectors for development in the country and is committed to supporting the development of the aviation industry in cooperation with aerospace experts, representatives of leading companies and small businesses with innovative potential. In order to stimulate major airlines to increase their competitiveness in the market by producing high value-added products and services through innovation, the Czech Ministry of Industry and Trade has launched the industry's 1st innovation and R&D focused promotion program, the Operational Program Enterprise and Innovation for Competitiveness (OPEIC). The Czech Ministry of Industry and Trade also actively helps aviation companies to find and acquire new business opportunities abroad, including a series of support channels such as business missions, foreign trade fairs, economic diplomacy programs, unified external contacts and matchmaking, services of the Czech Investment Agency, and other support channels, as well as safeguarding the interests of Czech companies within the framework of common commercial policy.

In addition, Ministry of Interior of Czech Republic has launched an active economic migration program to attract specialists with outstanding competencies and qualifications that are needed for the development of the industry and for its continued high-quality development. The Technology Agency of the Czech Republic has also launched programs to support the development of the aviation industry, such as the ALFA, EPSILON and DELTA programs.

(4) Market demand

Increased demand for global travel, the birth of emerging technologies, and changing consumer preferences are all providing a constant source of growth for the aviation industry. The increasing global demand for aircraft components is one of the key drivers of the continued growth of the Czech aviation industry. With a highly skilled workforce and advanced manufacturing facilities, the Czech Republic is able to produce high-quality components used in most of the world's aircraft. A strong engineering base, a broad aerospace product portfolio, excellent scientific and technological research and development capabilities, a high-quality specialized workforce, strong governmental support, an excellent technical product reputation and reliable products that can be adapted to a wide range of climatic conditions further enhances the competitiveness of the Czech aviation industry in the global marketplace and promotes the continuous development of cutting-edge aerospace technology.

Another key growth area for the Czech aviation industry is the increasing demand for unmanned aircraft. The Czech Republic is a leader in drone development and continues to invest in research and development. The Czech Republic has a strong team of engineers and designers, specializing in the knowledge and skills to develop new drone technologies. In addition to the previously mentioned leading drone manufacturer Primoco UAV, Workswell, a Czech company founded in 2010, is also represented. The company focuses on the UAS sector, specializing in thermal imaging cameras and pyrometers for process control, construction, equipment diagnostics, and machine maintenance, and offers one-of-a-kind infrared UAV thermal imaging systems. As consumer demand for drones increases, the Czech drone manufacturers and UAS service providers will see a larger market, augmented by the gradual improvement of technology and expanding application scenarios.

(5) Education and training

The Czech Republic has a number of universities specializing in aviation education, including Brno University of Technology, University of Defence in Brno, Czech Technical University, Technical University of Ostrava, and others. Brno University of Technology is one of the leading research and teaching institutions in the Czech Republic, offering courses of study for professional pilots, aircraft design, air traffic, etc.; University of Defence in Brno offers programs in aircraft technology, air traffic control, etc., and plays a crucial role in providing undergraduate educational services for military professionals; Czech Technical University is one of the largest and oldest technical universities in Europe, with multiple faculties including the School of Mechanical Engineering, the School of Electrical Engineering, and the School of Transport Science, providing teaching in various professional courses such as aviation engineering, aviation systems, and aviation transportation; Technical University of Ostrava offers professional courses in aircraft operation technology, aircraft maintenance technology, and aviation transportation technology projects.

The Czech aviation industry is a world leader in terms of development and has growing technological strength, also thanks to a large number of high schools that emphasize specialized aviation education. These high schools have trained a large number of specialists in mechanical maintenance and repair, airport technology and air navigation services, laying the necessary foundation for the current success of the Czech aviation industry. The school-enterprise cooperation between the school and the leading Czech airlines has undoubtedly strengthened the overall position of the Czech aviation industry in the global aviation sector. In addition, the Czech Republic has a number of indigenous flight schools and training institutions. For example, Czech Aviation Training Center offers a wide range of specialized courses including jet orientation, capsize and recovery training, advanced capsize and recovery training, etc.; JetForTrip offers both practical and theoretical courses and specializes in aircraft leasing, private passenger and cargo air transport, and aircraft import and export; JOB AIR Technic a.s. is a training institution approved by the European Aviation Safety Agency (EASA) and the Federal Aviation Administration (FAA) of the United States. The cxpanded aircraft maintenance hangar since 2006 has been one of the largest single span aircraft maintenance hangars in Central Europe, mainly used for maintaining Boeing 737 series aircraft and providing technical training for such aircraft.

(6) R&D innovation

Airplanes are different from fast-moving products, and the development cycle of the aviation industry is difficult to compare with that of any other industry. Typically, an aircraft has a development cycle of 7 to 10 years and a flight service time of 20 to 30 years. Therefore, the aviation industry needs to continuously innovate and maximize the application of current research and development. The Czech Republic is home to a number of research and development companies active in the aviation industry, providing cutting-edge solutions and innovations for the continued growth and development of the Czech aviation industry. These companies are dedicated to upgrading Czech aviation technology and enhancing the competitiveness of the Czech aviation industry at home and abroad. The results of research and development in the Czech aviation industry are not only put into practice in local Czech projects, but also in machines and equipment of the world's leading companies, such as Airbus, Boeing, Bombardier and others.

Skills and innovation are among the most important factors for the Czech aviation industry to remain globally competitive and be able to develop further. Czech domestic airlines often carry out cooperation projects with domestic universities, research centers and leading companies in the industry. For example, in 2016 Czech Technical University established a partnership with GE Aviation Czech, which has been effective and become a successful sample of university-enterprise cooperation in the Czech aviation industry. GE Aviation Czech first established a new turboprop engine development, testing, and production center in the Czech

Republic. Subsequently, as the partnership continued to deepen, the two sides not only worked closely on the Catalyst turboprop engine project and the Hradz Klarove joint testing facility project, but also decided to expand cooperation in the field of sustainable aviation fuel (SAF) testing. Strong aeronautical research and development capabilities have enabled Czech airlines to compete successfully on the international market with leading companies such as Airbus, Honeywell, Leonardo and others. It is worth noting that the Czech aviation industry is deeply involved in research and development framework programs such as the Horizon Europe, which further confirms its ability to cooperate in research and development.

The Czech aviation industry actively shares knowledge and experience with domestic and foreign partners, and through public-private cooperation mechanisms, connects academia and the industry more closely, allowing specialized research centers to participate more in high-value projects. The main research and development centers in the Czech Republic include the Czech Aerospace Research Center, the Institute of Aerospace Engineering of Brno University of Technology, Honeywell Technology Solutions, and the R&D Center of GE Aviation Czech. One of them, the Czech Aerospace Research Center, located in Prague and founded in 1922, is a national aerospace research, development and testing center. The main tasks of the research center are to conduct basic and industrial research as well as experimental development in the main subject areas of aerodynamics, structural strength and durability, materials and corrosion engineering, turbomachinery, composites and technology, and space activities. The Institute of Aerospace Engineering of Brno University of Technology focuses on professional education, applied research and aircraft testing, and its scientific activity covers the following areas: application of modern computational methods in the field of aircraft design, numerical methods in aerodynamics and structural sciences, application of computer-aided design (CAD) tools for parametric geometrical modeling, static and dynamic testing of aircraft structures, application of composite materials, flight stability, controllability and structural testing.

2. Development Dilemma

(1) Natural environmental challenges

At present, the Czech aviation industry is gradually getting rid of the negative impact of the sudden drop in the number of passengers caused by the COVID-19 pandemic, and the number of flights is increasing again, gradually returning to the level before the COVID-19 pandemic. With the global climate showing a gradual warming trend, the EU aviation industry needs to make efforts to reduce greenhouse gas emissions and noise from aircraft. The latest *European Aviation Environment Report* from the European Union Aviation Safety Agency (EASA) predicts that there could be 12.2 million flights per year in Europe by 2050 and highlights the urgent need to expand research efforts to decarbonize aviation. As a member of the European Union, this undoubtedly poses a great natural environmental challenge for the Czech aviation industry, and green aviation is bound to become mainstream, leading companies to make a green transition.

To address this challenge, the EU's Clean-Aviation program, launched in 2021, is the EU's leading research and innovation initiative to transform the aviation industry towards climate neutrality, aiming to develop disruptive technologies to minimize the carbon footprint of commercial air travel by 2030. Its goals include reducing emissions from regional aircraft by no less than 50% compared to the most advanced aircraft in 2020, and reducing emissions from medium and short range aircraft by no less than 30%. Within the program, Honeywell Aerospace would lead project research on key components of aircraft around two themes: thermal management solutions, and megawatt hydrogen fuel cells, which would strengthen the position of the South Moravian metropolitan area as a leader in research and development of state-of-the-art technologies. In line with key sustainability initiatives, Honeywell Aerospace has recruited more than 50 researchers from various European countries specifically to conduct joint research efforts with project partners in other European countries.

(2) Geopolitical challenges

With the escalation of the Russian-Ukrainian conflict, the question of how to expand the diversification of suppliers has become an urgent issue for the Czech aviation industry. The Czech aviation industry is highly dependent on Russian titanium materials, importing them mainly from VSMPO-AVISMA, the world's largest titanium producer. VSMPO-AVISMA, which is part of Rostec, is the world's largest titanium producer with a complete production chain covering 25%—30% of the global titanium market. The company is deeply integrated into the global aviation industry and is a direct supplier to Boeing, Airbus, SAFRAN and others. Against the background of the lack of diversified suppliers of some specific materials and technologies for the Czech aviation industry, when special circumstances occur and the supply is cut off, it is likely to have a great impact on future innovations in the Czech aviation industry. At the same time, the Russian-Ukrainian conflict has also affected oil prices, significantly increasing the operating costs of airlines and having a serious negative impact on the Czech aviation industry.

(3) Information technology challenges

With the increasing use of information technology in the aviation industry, cybersecurity is becoming a primary concern for airlines and airports. This creates a challenge for the Czech aviation industry, but also a major business opportunity. Czech Airlines is urgently investing in the deployment of cybersecurity measures to prevent cyberthreats and ensure the safety of passengers and operations.

(4) Human capital challenges

The Czech aviation industry is facing a shortage of certified pilots and mechanical engineers. With the continuous development of the Czech aviation industry, the demand for skilled workers has increased. How to attract and retain highly skilled labor could affect the sustainable growth and core competitiveness of the industry. To address this challenge, Czech aviation companies are increasing their investment in talent, implementing talent training and development projects to help their employees master the latest theories and technologies, and attract and retain outstanding talents.

Acknowledgement

The *Development Report on Zhejiang-Czech Economic and Trade Cooperation under the Framework of the Belt and Road Initiative (2023)* has been successfully released. Here we would like to thank people from all walks of life and all sectors of society for their help, guidance and support contributing to the release of this report.

In composing of this report, we received meticulous guidance from the Department of Commerce of Zhejiang Province. The Division of Foreign Economic Liaison, Division of Outbound Investment and Economic Cooperation, Division of General Management, Division of Foreign Trade Development, Foreign Trade Center and other relevant divisions under the Department of Commerce have provided full support and offered valuable suggestions for the revision of the report.

During the process of data collection, we received full cooperation and support from many enterprises such as Wanxiang Group, Jiecang Motion, and so on.

Genuine appreciation goes to the colleagues of the Czech Research Center and sincere gratitude goes to the teams of the English translation, Czech translation and external audit experts for their tireless efforts contributing to the successful publication of this report in Chinese, English and Czech versions at the same time.

Zpráva o rozvoji hospodářské a obchodní spolupráce mezi provincií Zhejiang a Českou republikou v rámci iniciativy „Pás a stezka"

(2023)

Zhou Junzi, Zhang Haiyan, Zhu Liyan, Renata Čuhlová

Překlad

Xu Weizhu, Renata Čuhlová

ZHEJIANG UNIVERSITY PRESS
浙江大学出版社
· 杭州 ·

Předmluva

Na rok 2023 připadá desáté výročí společné výstavby iniciativy „Pás a stezka". Spolupráce mezi Čínou a zeměmi střední a východní Evropy rovněž prošla zkouškou času a složitými změnami mezinárodní situace. V souvislosti se zrychlujícími se změnami ve světě, které neměly obdoby po celé století, zejména v kontextu nových turbulentních změn způsobených čínsko-americkým soupeřením, rusko-ukrajinským konfliktem a evropskou energetickou krizí, se obtíže ve spolupráci Číny a zemí střední a východní Evropy výrazně zvýšily a výzvy byly bezprecedentní. V současné době se provincie Zhejiang na vysoké úrovni otevírá okolnímu světu a usiluje o rozvoj socialismu s čínskými rysy v zájmu společné prosperity a modernizace provincie v rámci kvalitního rozvoje. Zhejiang aktivně zkoumá řadu oblastí místní spolupráce mezi Čínou a zeměmi střední a východní Evropy. Prostřednictvím výstavby nosných projektů spolupráce, jako je Demonstrační zóna hospodářské a obchodní spolupráce mezi Čínou a zeměmi střední a východní Evropy, výstava China-CEEC Expo, české nádraží "Pásmo a stezka" a čínsko-evropský železniční expres „Madrid-Yiwu", se Zhejiang stal lídrem v oblasti místní spolupráce mezi Čínou a zeměmi střední a východní Evropy a nashromáždil také určité množství zkušeností. Na zahajovacím ceremoniálu 3. fóra pro mezinárodní spolupráci Pásmo a stezka, které se konalo 18. října 2023, prezident Xi Jinping zdůraznil, že společná výstavba Pásma a stezky vstoupila do nové fáze vysoce kvalitního rozvoje. Čelí novým výzvám a novým zkouškám na nové cestě a být předvojem místní spolupráce se střední a východní Evropou je odpovědností Zhejiangu, který nese na svých bedrech výstavbu „důležitého okna". Je také významnou podporou při budování nového modelu komplexního otevírání a budování čínsko-evropského hospodářského oběhového centra.

Zpráva o rozvoji hospodářské a obchodní spolupráce mezi provincií Zhejiang a Českou republikou v rámci iniciativy „Pás a stezka" (2023) shrnuje současnou situaci hospodářské a obchodní spolupráce mezi provincií Zhejiang a Českou republikou a analyzuje vývojové trendy české ekonomiky a jejího charakteristického odvětví, leteckého průmyslu. Zpráva je rozdělena do tří částí, a to „Současný stav", „Vývoj" a „Tématické studie". Část „Současný stav" představuje údaje o dovozu a vývozu, obousměrných investicích a kulturní výměně mezi provincií Zhejiang a Českou republikou v roce 2022. Z nich byl jako příklad obousměrných investic vybrán investiční případ Jiecang Motion, který ilustruje potenciál a přínosy investiční spolupráce v rámci iniciativy „Pás a stezka". Analýza případů ukazuje, že v posledních letech se zahraniční investice a případy fúzí a akvizic společnosti Jiecang často týkaly zemí střední a východní Evropy, přičemž mnohé z nich zohledňují faktory, jako je zlepšení průmyslového řetězce, zvýšení regionální konkurenceschopnosti a rozšíření mezinárodních trhů. Část „Vývoj" shrnuje hospodářský vývoj České republiky v roce 2022, předpovídá vývojový trend české ekonomiky a poskytuje podklady pro rozhodování podniků a institucí, které mají zájem o hospodářskou a obchodní spolupráci s Českou republikou. Zpráva věří, že oživení české ekonomiky se nepotýká pouze s nepříznivými faktory, jako je vysoká inflace, globální finanční rizika, nedostatečné zásobování energií a nedostatek pracovních sil, ale existují i příznivé faktory, jako jsou zdravé ekonomické základy, zelená a digitální transformace a oživení mezinárodního trhu. Část „Tématické studie" je rozdělena do dvou částí, přičemž předmětem analýzy je český letecký průmysl. První část poskytuje komplexní analýzu stavu rozvoje českého leteckého průmyslu z hlediska pokrytí průmyslového řetězce, mezinárodního vlivu podniků, zahraničních obchodních vazeb, investičního prostředí a podmínek a posílení integrovaných aplikací. Druhá část se zabývá budoucností a shrnuje výhody a úskalí rozvoje českého leteckého průmyslu. Na základě prognózy a analýzy lze posuzovat situaci vývoje českého leteckého průmyslu.

Tato zpráva bude vydána v čínštině, angličtině a češtině. Pro čínskou verzi: Za rámcový návrh a celkovou revizi návrhu, jakož i za napsání části „Současný stav" odpovídá Zhou Junzi; za konkrétní organizaci psaní a vedení výzkumu zprávy, jakož i za napsání části "Vývoj" odpovídá Zhang Haiyan; za napsání části „Tématické studie" odpovídají společně Renata Čuhlová a Zhu Liyan. Pro anglickou verzi: Xu Lei je zodpovědný za organizaci překladu a celkovou revizi návrhu; Xu Lei a Fan Shuangshuang jsou zodpovědní za překlad „Vývoj" a „Současný stav", jakož i části „Tématické studie"; Renata Čuhlová je zodpovědná za překlad části „Tématické studie". Za českou verzi: Za organizaci překladu a celkovou revizi návrhu odpovídá Xu Weizhu; Xu Weizhu a její tým odpovídají za překlad „Vývoj" a za revizi návrhu „Současný stav" a „Tématické studie"; Renata Čuhlová odpovídá za překlad „Současný stav" a „Tématické studie". Doufáme, že touto zprávou podpoříme diskuse a výměny s výzkumnými pracovníky České republiky a iniciativy „Pás a stezka" po celém světě, přispějeme k vědeckovýzkumné spolupráci a práci v jednotě, která povede k plodným výsledkům výzkumu.

Tato zpráva je výročním výsledkem výzkumu Českého výzkumného centra Finanční vysoké školy Zhejiang, které bylo založeno pod vedením čínského Ministerstva školství. V posledních letech bylo Ministerstvem školství postupně vybráno jako jednotka vysoké úrovně národního a regionálního výzkumného centra a klíčový think tank v provincii Zhejiang. Je otevřenou výzkumnou platformou, která se věnuje komplexnímu studiu české politiky, ekonomiky, kultury, společnosti a dalších aspektů.

Vzhledem k limitům výzkumného týmu se nelze vyhnout nekorektnostem, a jsme proto otevřeni kritice a návrhům ke zlepšení od všech skupin společnosti.

Zheng Yali

Ředitelka Centra českých studií, Vysoká škola finanční Zhejiang

Obsah

Současná situace: Analýza obchodní a hospodářské spolupráce mezi Českou republikou a provincií Zhejiang v roce 2022 ·······················1

   Ⅰ. Oboustranná výměna zboží ····································3

   Ⅱ. Oboustranné investice ··9

   Ⅲ. Kulturní výměny ···16

Výhledy do budoucna: Analýza českého hospodářského rozvoje v roce 2022 a trend vývoje ···21

   Ⅰ. Přehled českého hospodářského růstu v roce 2022 ··········24

   Ⅱ. Prognóza trendu českého hospodářského rozvoje ···········34

Tématické studie: Analýza vývoje českého leteckého průmyslu ·········43

   Ⅰ. Současná stav rozvoje českého leteckého průmyslu ·········45

   Ⅱ. Perspektiva rozvoje českého leteckého průmyslu ···········54

Poděkování ···61

Současná situace:

Analýza obchodní a hospodářské spolupráce mezi

Českou republikou a provincií Zhejiang v roce 2022

Shrnutí obsahu

◆ **Oboustranná výměna zboží**

Rozsah obchodu se zbožím mezi Zhejiangem a Českou republikou se za posledních deset let rozšiřuje, vývoz se za posledních deset let zčtyřnásobil, dovoz zdvojnásobil a je větší prostor pro zlepšení v dovozu. Z hlediska komoditního složení má Zhejiang výraznou výhodu ve vývozu elektrozařízení do České republiky, přičemž dlouhodobě stabilní růstový trend tradičních výrobně náročných výrobků a elektromechanických výrobků není zřejmý; výrazně vzrostl dovoz elektromechanických výrobků z České republiky, zatímco suroviny a produkty založené na přírodních zdrojích výrazně poklesly. Pokud jde o hlavní obchodní subjekty, klíčové byly soukromé podniky a export byl rovněž podpořen investicemi. Struktura dovážejících podniků prošla velkými změnami a je zde potenciál spolupráce v oblasti zelené energie, chytrých měst, logistiky dodavatelského řetězce a dalších oborů.

◆ **Oboustranné investice**

Do konce roku 2022 Česká republika investovala do 100 podniků v Zhejiangu s hodnotou zahraničních investic ve výši 79,82 mil. USD. Provincie Zhejiang investovala v České republice do celkem 20 podniků či institucí s rekordními přímými zahraničními investicemi ve výši 423 milionů USD. V roce 2022 bylo v provincii Zhejiang zřízeno šest propojovacích zón pro hospodářskou a obchodní spolupráci mezi Čínou a zeměmi střední a východní Evropy, které byly rozmístěny do zajímavých oblastí. V posledních letech se společnost Zhejiang Jiecang Linear Motion Technology Co., Ltd. (Jiecang Motion) často podílela na zahraničních investicích a fúzích a akvizicích v zemích střední a východní Evropy.

◆ **Kulturní výměny**

Česká republika není pouze důležitým obchodním partnerem a investiční destinací pro Zhejiang v regionu střední a východní Evropy, ale obě strany také uskutečnily výměny a spolupráci v oblasti vzdělávání, cestovního ruchu a kultury. Platformy pro spolupráci ve vzdělávání jsou bohaté, témata různorodá a jejich působnost neustále roste. Spolupráce v cestovním ruchu má dobrý základ, zjevné výhody a dostatečnou dynamiku pro další růst. Existuje řada forem kulturních výměn a aktivních interakcí, v online i offline podobě.

Česká republika, která se nachází ve střední Evropě, je důležitým uzlem iniciativy Nové hedvábné stezky a významným partnerem provincie Zhejiang v regionu střední a východní Evropy. V roce 2022 si připomínáme 10. výročí vybudování tohoto mechanismu spolupráce. V oblasti obchodu je Česká republika třetím největším obchodním partnerem Zhejiangu ze zemí střední a východní Evropy a třetí největší exportní destinací. Rozsah dovozního a vývozního obchodu mezi Zhejiangem a Českou republikou opakovaně dosahuje nových maxim. Za deset let se vývoz zčtyřnásobil a dovoz zdvojnásobil. Průměrné roční tempo růstu obchodu mezi oběma stranami je vyšší než tempo růstu zahraničního obchodu Zhejiangu, tempo růstu obchodu mezi Zhejiangem a Evropou a tempo růstu obchodu mezi Čínou a zeměmi střední a východní Evropy ve stejném období. V oblasti investic se Česká republika stala vedle Řecka největší investiční destinací Zhejiangu v tomto regionu, kam také v posledních letech zahraniční investice a fúze a akvizice společnosti Jiecang Motion často směřují. To se děje v souvislosti se zdokonalením průmyslového řetězce, zvýšením regionální konkurenceschopnosti a rozšířením mezinárodního trhu. V oblasti mezilidských a kulturních výměn probíhají výměny a spolupráce v oblasti vzdělávání, cestovního ruchu, kultury a dalších oblastech. Zrušení pandemických opatření přineslo nové oživení této spolupráce.

Ⅰ. Oboustranná výměna zboží

A. Obecný přehled

Rozsah obchodu mezi oběma stranami v oblasti dovozu a vývozu se neustále rozšiřuje, přičemž vývoz se za deset let zčtyřnásobil a dovoz zdvojnásobil. V oblasti dovozu dále existuje velký prostor pro zlepšení.

V roce 2022 si připomínáme desáté výročí zahájení spolupráce mezi Čínou a zeměmi střední a východní Evropy. Pod vlivem velkých změn, které jsou v posledních sto letech

4

Zpráva o rozvoji hospodářské a obchodní spolupráce mezi provincií Zhejiang
a Českou republikou v rámci iniciativy „Pás a stezka" (2023)

nevídané, včetně epidemie století, se výrazně zvýšil tlak na pokles světové ekonomiky. V této souvislosti pokračovaly Zhejiang a Česká republika v propagaci spolupráce. Objem dovozu a vývozu mezi oběma stranami se oproti obecnému trendu zvýšil, dosáhl dokonce rekordní výše a již druhý rok po sobě překonal hranici 10 miliard RMB. V roce 2022 dosáhl objem dovozu a vývozu mezi Zhejiangem a Českou republikou 1,889 miliardy USD (což při průměrném ročním směnném kurzu 6,7261 odpovídá 12,708 miliardy RMB, stejně jako níže), což představuje meziroční nárůst o 3,7%. Z toho do České republiky vyvezl Zhejiang 1,675 miliardy USD (ekvivalent 11,268 miliardy RMB), což představuje meziroční nárůst o 2,3%; dovoz z České republiky dosáhl 214 milionů dolarů, což představuje meziroční nárůst o 16,5%, který byl o 9 procentních bodů vyšší než tempo růstu dovozu Zhejiangu ve stejném období. Jak ukazuje graf 1-1, od roku 2012 do roku 2022 se objem obchodní výměny mezi oběma stranami zvýšil z 532 milionů USD na 1,889 miliardy USD s průměrným ročním tempem růstu 13,5%, což je 1,6 násobek tempa růstu zahraničního obchodu provincie Zhejiang, 1,7 násobek tempa růstu obchodu mezi Čínou a zeměmi střední a východní Evropy a 2,2 násobek tempa růstu obchodu provincie Zhejiang s Evropskou unií ve stejném období. Mezi nimi se vývoz ze Zhejiangu do České republiky zčtyřnásobil a vzrostl ze 429 milionů USD na 1,675 miliardy USD, přičemž průměrné roční tempo růstu činilo 14,6%; dovoz z České republiky se zdvojnásobil a vzrostl ze 103 milionů USD na 214 milionů USD, přičemž průměrné roční tempo růstu činilo 7,6%. Celkově se rozsah dovozního a vývozního obchodu Zhejiangu a České republiky nadále rozšiřuje a objektivně existuje fenomén obchodní nerovnováhy. Na základě dovozního cíle navrženého na summitu Číny a zemí střední a východní Evropy existuje nadále velký prostor pro zvýšení dovozu Zhejiang z České republiky.

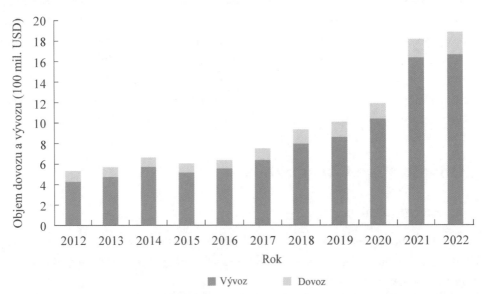

Graf 1-1   Objem dovozu a vývozu mezi Zhejiangem a Českou republikou v letech 2012—2022
     (**Zdroj:** Odbor obchodu provincie Zhejiang)

B. Komoditní struktura

Zhejiang má výraznou výhodu ve vývozu elektrozařízení do České republiky a dlouhodobý stabilní růstový trend tradičních výrobně náročných výrobků a elektromechanických výrobků není zřejmý; výrazně vzrostl dovoz elektromechanických výrobků z ČR, zatímco suroviny a produkty na bázi surovin zaznamenaly pokles.

Co se týká exportu, 10 hlavních komodit vyvážených z Zhejiangu do České republiky v roce 2022 je znázorněno na graf 1-2 s celkovou hodnotou vývozu 635,8031 mil. USD, což představuje 38,0% celkového vývozu Zhejiangu do České republiky během stejné období. Elektrická zařízení, oděvní a oděvní doplňky a mechanické základní díly jsou některé z těch hlavních kategorií. Elektrická zařízení zaujímají první místo v exportních komoditách a má přední náskok s hodnotou exportu 286,9719 mil. USD, což představuje 17,1%, což představuje meziroční nárůst o 28,8%. Exportní hodnota je téměř třikrát vyšší než u oděvů a oděvních doplňků, které se umístily na druhém místě. Exportní hodnota kategorie oděvů a oděvních doplňků se pohybovala kolem průměrné úrovně v posledních třech letech, 73,1299 mil. USD, což je meziroční nárůst o 19,8%, ale je obtížnější dosahovat i nadále kladného růstu. Následovaly mechanické základní díly, všeobecné stroje a zařízení, hodnota vývozu byla nižší než 50 mil. USD, což představuje meziroční pokles o 6,3%, resp. 7,5%. Mezi

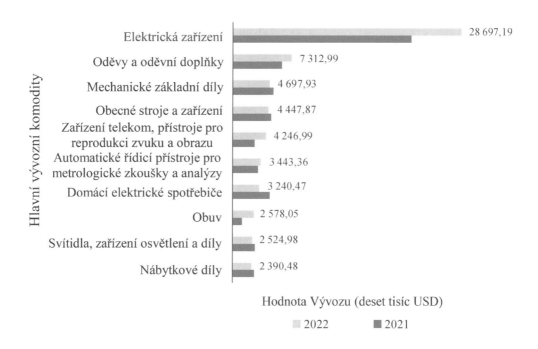

Graf 1-2   Stupnice a meziroční nárůst a pokles hlavních vývozních komodit z Zhejiangu do České republiky v roce 2022

(**Zdroj:** Odbor obchodu provincie Zhejiang)

10 hlavními exportními komoditami vykázala největší meziroční růst obuv, a to až o 118,0%, následovaná audiovizuální technikou a díly s meziročním nárůstem o 57,1% ; největší pokles zaznamenaly domácí elektrospotřebiče s meziročním poklesem o 31,3%, dále nábytek a díly, meziroční pokles o 14,9%. Vývoz v obou kategoriích byl nižší než v roce 2021. Ať už jde o tradiční pracovně náročné výrobky nebo elektromechanické výrobky, existují rozdíly v růstu vývozu členěných komodit a trend udržení růstu v dlouhodobém horizontu není zřejmý. Jak upevnit základy stabilního růstu a posílit udržitelnou konkurenceschopnost exportních komodit zůstává výzvou.

Pokud jde o dovoz, 10 hlavních komodit dovážených Zhejiangem z České republiky v roce 2022 je znázorněno na graf 1-3, kde mezi hlavní artikly patří ocel, elektronické součástky, dřevo a jeho výrobky. Dovozní hodnota 10 hlavních komodit dovážených z ČR tvořila ve stejném období 40,4% celkového dovozu Zhejiang z ČR a koncentrace dovážených produktů byla vyšší než u exportovaných produktů, což do jisté míry odráželo hlavní poptávka Zhejiangu po českých komoditách. Celková hodnota dovozu tří druhů surovin a produktů na bázi zdrojů, jako je ocel, dřevo a jeho výrobky a plasty v primárních formách, činila 37,1033 milionů USD, což představuje 17,3%. Mezi nimi se ocel umístila na prvním místě v dováženém zboží s hodnotou dovozu 21,3793 mil. USD, což je meziroční dvojnásobný nárust a dosahuje vysokého růstu již tři roky po sobě. Celková dovozní hodnota šesti druhů elektromechanických výrobků, jako jsou elektronické součástky, automatické kontrolní přístroje pro metrologické zkoušky a analýzy a elektrická zařízení, dosáhla 47,3890 mil. USD, což představuje 22,1%, z toho dovoz pěti druhů elektromechanických výrobků vzrostl. Mezi 10 hlavními dováženými komoditami zaznamenaly nejvýraznější růst zařízení a díly pro automatické zpracování dat a obráběcí stroje, což jsou oba elektromechanické produkty, s meziročním nárůstem asi 281 krát a 6 krát; největší pokles zaznamenalo dřevo a jeho výrobky a plasty v primárních formách, které patřily mezi suroviny a produkty založené na přírodních zdrojích, meziročně klesly o více než 40%. Je to dáno jednak silnou základnou českého zpracovatelského průmyslu elektromechanických výrobků, ale také tím, že Česká republika není zemí bohatou na zdroje a je obtížné udržet rozsáhlou expanzi dovozu surovin a produktů založených na zdrojích v dlouhodobém horizontu. Při srovnání 10 hlavních dovozních a vývozních komodit se překrývaly pouze tři kategorie komodit, a to elektrická zařízení, automatické kontrolní přístroje pro metrologické zkoušky a analýzy a mechanické základní díly. To ukazuje, že existují rozdíly ve struktuře dovozních a vývozních komodit mezi Zhejiangem a Českou republikou, což může posílit ekonomickou a obchodní spolupráci, vytvářet komplementární výhody a realizovat průmyslovou interoperabilitu.

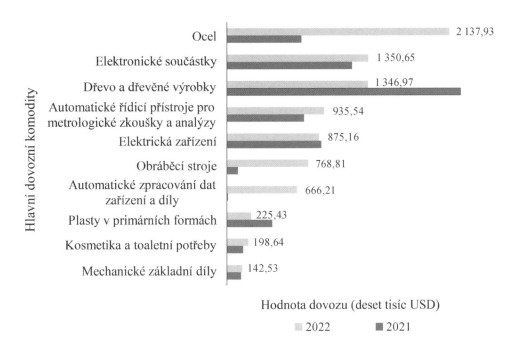

Graf 1-3   Stupnice a meziroční nárůst a pokles hlavních komodit dovážených z České republiky do Zhejiangu v roce 2022

(**Zdroj:** Odbor obchodu provincie Zhejiang)

C. Hlavní obchodující subjekty

Soukromé podniky jsou páteří obchodní výměny a lze pozorovat podporu exportu investicemi. Struktura dovážejících podniků prošel velkými změnami a prostor pro spolupráci existuje v oblasti zelené energie, chytrých měst, logistiky dodavatelského řetězce a dalších oborech.

Pokud jde o rozsah exportu, mezi 20 největších vývozců z Zhejiang do České republiky v roce 2022 patřily Luxshare Precision (Zhejiang) Co., Ltd., Zhejiang SolaX Power Network Technology Co., Ltd., Wangxiang A123 Systems Co., Ltd., Zhejiang CFMOTO Power Co., Ltd., Zhejiang Dahua Technology Co., Ltd., Panasonic Motor (Hangzhou) Co., Ltd., Mobiwire Mobiles (Ningbo) Co., Ltd., Hangzhou Clongene Biotech.Co., Ltd., Hangzhou Sunrise Technology Co., Ltd., Zhejiang Yinlun Machinery Co., Ltd., Ningbo Daye Garden Machinery Co., Ltd., Ningbo Boda Machine Co., Ltd., Hangzhou Singclean Medical Products Co., Ltd., Hangzhou Hikvision Digital Technology Co., Ltd., Zhejiang Zhaolong Cables & Interconnects Co., Ltd., Zhejiang Keen Faucet Co., Ltd., Cixi Donggong Electric Co., Ltd., Zhejiang Huahai Pharmaceutical Co., Ltd., Cixi Jincheng Import & Export Co ., Ltd. a Nidec Shibaura (Zhejiang)

8

Zpráva o rozvoji hospodářské a obchodní spolupráce mezi provincií Zhejiang
a Českou republikou v rámci iniciativy „Pás a stezka" (2023)

Co., Ltd. Z hlediska povahy podniků se ukázala vitalita soukromých podniků, které představují 3/4 z 20 největších podniků ve vývozu Zhejiangu do České republiky a stala se důležitou páteří exportu, což je v souladu s mimořádnými výhodami soukromé ekonomiky Zhejiang. Z hlediska hlavních produktů se jedná především o export elektronických zařízení, fotovoltaických zásobníků energie, mechanických zařízení a dalších produktů. Pokud jde o rozsah, prvních 5 jsou všechno soukromé podniky. Mezi nimi se společnost Luxshare Precision (Zhejiang) Co., Ltd. umístila na prvním místě v roce 2022 po skoku na první místo v roce 2020, přičemž si od roku 2020 udržela dynamiku rozvoje prvního podniku v exportním měřítku, který byl od zahraničních podniků přesunut na soukromé podniky. Z pohledu změny subjektů bylo v roce 2022 nově zapsáno 5 podniků, mezi nimiž se Zhejiang SolaX Power Network Technology Co., Ltd. umístila na druhém místě z hlediska rozsahu exportu, což demonstruje široký prostor zelené spolupráce podporované digitální technologií; Zhejiang Dahua Technology Co., Ltd. se umístila na pátém místě, pokud jde o rozsah exportu, a stala se tak dalším příkladem exportu řízeného investicemi po Wangxiang A123 Systems Co., Ltd. a Hangzhou Sunrise Technology Co., Ltd. Odrážela také potenciál spolupráce v oblasti IOT a chytrých měst.

Mezi 20 nejlepších podniků v Zhejiangu dovážejících z České republiky v roce 2022 a seřazených podle rozsahu dovozu patří: Ningbo Orient Wires & Cables Co., Ltd., Jiashan Sun-King Power Electronics Group Limited, Lego Toy Manufacturing (Jiaxing) Co., Ltd., Zhejiang Material Industry Civil Products & Trying Equipment Co., Ltd., Ningbo Jintian Copper (Group) Co., Ltd., Zhejiang Army Joint Copper Limited, HT Plastics Machinery Group Co.,Ltd., H3C Co., Ltd, Zhejiang Material Industry Senhua Group Co.,Ltd., Alog Supply Chain Management (Ningbo) Co., Ltd., Moyan (Zhejiang) Electronic Technology Co., Ltd., Hangzhou Fullsemi Tech Co., Ltd., BNBM Group Zhejiang Changxing Forestry Co., Ltd., Asia Euro Automobile Manufacturing (Taizhou) Co., Ltd., Zhejiang Material Industry International Corporation, Ningbo Leadgo E-commerce Co., Ltd., Yuhuan Fulida Metal Co., Ltd., BEST Logistics Technologies (Ningbo Free Trade Zone) Co., Ltd., Yiwu Ouying Supply Chain Co., Ltd. a Jiashan Dominant Wood Industries Co., Ltd. Pokud jde o povahu podniků, soukromé podniky si nadále udržují více než polovinu z 20 největších dovozních podniků Zhejiangu z České republiky. Z pohledu průmyslu šlo především o kabelové inženýrství, výrobu elektrozařízení, zpracování mědi, zpracování dřeva a další obory, což bylo odlišné od exportu. Pokud jde o pořadí dle hodnocení dovozu společnosti Ningbo Orient Wires & Cables Co., Ltd. vzrostlo z 9. místa v roce 2020 na 6. místo v roce 2021 a poté se zvýšilo na první místo v roce 2022. Žebříček dovozu společnosti Jiashan Sun-King Power Electronics Group Limited poskočil z 12. místa v roce 2020 na 4. místo v roce 2021 a v roce 2022 opět vzrostl až na 2. místo. To také potvrzuje růst dvou hlavních komodit dovážených Zhejiangem z České republiky. Pokud jde o změny subjektů, v roce 2022 byla na seznam přidána téměř polovina společností, z nichž většina je v oblastech logistiky dodavatelského řetězce a elektronických informací.

II. Oboustranné investice

Do konce roku 2022 Česká republika investovala a založila 100 podniků v Zhejiangu s nasmlouvanými zahraničními investicemi ve výši 91,07 milionu USD a skutečnými zahraničními investicemi ve výši 79,82 milionu USD. Investice se soustředily především na výrobu lékařského vybavení a výrobu vybavení, textilní a oděvní výrobu, zprostředkování obchodu a agentur, textilu, velkoobchodu s pleteným zbožím a surovinami a dalších odvětví. Zhejiang investoval do 20 podniků nebo institucí v České republice s registrovanými přímými zahraničními investicemi ve výši 423 milionů USD. Investice se soustředily především do velkoobchodu, železnic, stavby lodí, výroby leteckého a jiného dopravního zařízení, průmyslu kovových výrobků a dalších odvětví. V roce 2022 činil obrat zahraničních nasmlouvaných projektů Zhejiangu v České republice 10,606 mil. USD a nově podepsané smlouvy 3,709 mil. USD. Hlavní podniky, které to uskutečnily, jsou Otis Elevator Co., Ltd., Zhejiang Zhaolong Cables & Interconnects Co., Ltd., a Ningbo Minth Auto Parts Technology Research & Development Co., Ltd. V posledních letech dosáhl Zhejiang úspěchu v Číně - CEEC Expo a zřízení demonstrační zóny hospodářské a obchodní spolupráce mezi Čínou a CEEC jako důležitého výchozího bodu pro podporu praktické spolupráce mezi Čínou a zeměmi střední a východní Evropy. V roce 2022 zřídil Zhejiang prvních šest zón hospodářské a obchodní spolupráce mezi Čínou a CEEC. Třetí výstava Čína - CEEC Expo, která se konala v květnu 2023, se časově shodovala s otevřením prioritního projektu, který má zvýšit úroveň tzv. „Ekonomiky sladkých brambor" ve snaze o otevřenější ekonomiku v Zhejiangu, vzájemné využití svých silných stránek, posílení efektu Expo a shromáždění zdrojů spolupráce se zeměmi střední a východní Evropy. Jiecang Motion mezi nimi získal přístup k výzkumu a vývoji a dalším špičkovým výrobním faktorům prostřednictvím investic, fúzí a akvizic, rozšířil svou prodejní síť na evropském trhu a výrazně zvýšil mezinárodní vliv své značky, který je do určité míry reprezentativní. Podrobnosti případu jsou následující.

A. Profil firmy

Jiecang Motion, založený v roce 2000 a dříve známý jako Jiecang Medical Equipment Co., Ltd, je high-tech podnik specializující se na výzkum, vývoj, výrobu a prodej systémů lineárních pohonů. Byl vybrán jako jeden z vědeckých a technologických gigantů Zhejiangu, tzv. neviditelný šampion Zhejiangu, slavná exportní značka Zhejiangu a první skupina předchůdců pro integraci domácího a zahraničního obchodu v Zhejiangu. Je přední společností v odvětví lineárních pohonů v Číně. Jeho lineární aktuátorový systém je široce používaný lékařskou a zdravotní péčí, chytrou kanceláří, inteligentní domácností, průmyslovou automatizací a dalšími obory a používá se k podpoře inteligentních koncových zařízení. Specifickými aplikačními produkty jsou produkty lineárních pohonů, jako jsou elektrické pohony, zvedací sloupy a ovladače. Jiecang Motion pokračuje v prozkoumávání zámořských trhů, neustále podporuje svou strategii rozvoje globalizace, pokračuje ve zlepšování uspořádání zámořských výrobních kapacit a zakládá výrobní a výzkumné a vývojové základny v Asii, Tichomoří, Evropě a Severní Americe. Výrobní základy se nacházejí v Ningbo, Xinchang, a dále v Malajsii, USA a na evropském kontinentu. V současné době se evropské výrobní základny nacházejí především v Rakousku, České republice a Maďarsku; po akvizici LEG Group v roce 2021 přibyly rakouské a české výrobní základny a od roku 2022 investicemi přibyly maďarské výrobní základny.

Získaná společnost Logic Endeavour Group GmbH (LEG Group) a její dceřiné společnosti poskytují přední řešení a produkty pro trh s nastavitelným nábytkem s významnými výzkumnými a vývojovými silami v oblasti systémů pohonů pro polohovatelné stoly. Hlavními produkty jsou elektricky nastavitelné sestavy zvedacího sloupu stolu a ovladač, který má vysoké patentové bariéry a je na špičkové úrovni v oboru. Hlavními zákazníky jsou evropské a americké značky špičkového nábytku. Jako celosvětová špičková společnost v oblasti nastavitelného nábytku je LEG Group investiční holdingovou platformou a její dceřiné společnosti se zabývají především výzkumem a vývojem, výrobou a prodejem systémů nastavitelných pohonů nábytku, konkrétně včetně 6 plně vlastněných dceřiných společností Logicdata Electronic & Software Entwicklungs GmbH (LDAT), LDI Electronics Vertriebs GmbH, Logicdata Asia Limited, METMO s.r.o., Logicdata North America Inc. a Zhuhai Logicdata Electromechanical Co., Ltd. Vlastnická struktura LEG Group a jejích dceřiných společností je znázorněna na graf 1-4. Mezi nimi LDI Electronics Vertriebs GmbH a Logicdata Asia Limited vlastní platformové společnosti, které nemají žádnou vlastní výrobní a provozní činnost; LDAT se sídlem v Rakousku je profesionální výrobce zabývající se

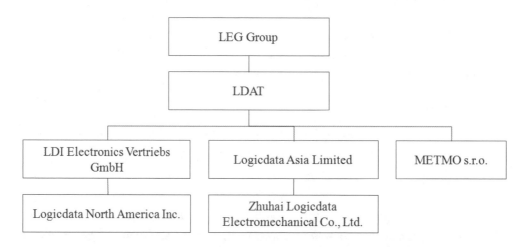

Graf 1-4   Vlastnická struktura skupiny LEG a jejích dceřiných společností

(**Zdroj:** Oznámení společnosti Zhejiang Jiecang Linear Motion Technology Co., Ltd. o akvizici 100% majetkových účastí ve společnosti Logic Endeavour Group GmbH a navýšení kapitálu)

výzkumem, vývojem, výrobou a prodejem elektromechanické integrace nastavitelného nábytku. Její pracovníci v oblasti výzkumu a vývoje tvoří asi 1/3 a její schopnost vývoje produktů je na vedoucí pozici v oboru. Společnost METMO s.r.o. sídlí v České republice a poskytuje především vysoce kvalitní kovové výrobky na míru pro nastavitelný kancelářský nábytek a má širokou zákaznickou základnu na evropských a amerických trzích sestavitelného nábytku.

B. Popis případu

Jiecang Motion se od svého založení vždy držel cesty internacionalizace a prohluboval své globální strategické uspořádání. V posledních třech letech se její zahraniční investice a případy M&A často týkaly zemí střední a východní Evropy. Podrobnosti o akvizici LEG Group společností Jiecang Motion v roce 2021 jsou následující.

Nabyvatel: J-Star Motion (Singapur) Pte. Ltd. (zkráceně J-Star Singapore), zámořská plně vlastněná dceřiná společnost Jiecang Motion.

Získaná strana: LEG Group.

Akviziční cíl: 100% vlastní kapitál LEG Group, čímž nepřímo drží 100% kapitál svých dceřiných společností LDAT, LDI Electronics Vertriebs GmbH, Logicdata Asia Limited, METMO s.r.o., Logicdata North America Inc. a Zhuhai Logicdata Electromechanical Co., Ltd.

Transakční cena: Celková protihodnota za akvizici je 79,1784 milionů EUR a navýšení kapitálu je 20 milionů EUR.

Způsob transakce: Samofinancovaná platba v hotovosti. Obě strany potvrdily, že datum vypořádání bylo 5. července 2021 a počáteční kupní cena byla zaplacena v eurech, což činilo 88% z celkové protihodnoty transakce; kdykoli po druhém výročí data vypořádání bude odložená kupní cena, která činila 12% z celkové protihodnoty transakce, zaplacena v eurech nebo v renminbi. K červenci 2021 bylo vypořádání vlastního kapitálu dokončeno podle plánu a první splátka kupní ceny byla zaplacena společností J-Star Singapore, dceřinou společností Jiecang Motion.

Po dokončení akvizice se LEG Group a její dceřiné společnosti staly stoprocentně vlastněnými dceřinými společností Jiecang Motion a byly zahrnuty do konsolidované účetní závěrky společnosti. Tabulka 1-1 ukazuje situaci nových dceřiných společností Jiecang Motion. Kromě původních šesti výrobních základen přidal Jiecang Motion dvě nové výrobní základny v Rakousku a České republice, čímž dále posílil svou globální pozici v oboru.

Dne 28. července 2022 společnost Jiecang Motion prostřednictvím své dceřiné společnosti J-Star Singapore investovala v Maďarsku do založení společnosti J-Star Motion Hungary Kft. (zkráceně J-Star Hungary), se základním kapitálem 1 milion EUR a 100% podílem. Předmět podnikání společnosti J-Star Hungary zahrnuje výrobu, výzkum a vývoj a prodej inteligentních elektrických systémů pro ovládání výtahu a produktů, zařízení a komponentů lineárních pohonů, dovoz a vývoz zboží a technologií atd. Dne 5. září 2022 společnost LDAT,

12

Zpráva o rozvoji hospodářské a obchodní spolupráce mezi provincií Zhejiang
a Českou republikou v rámci iniciativy „Pás a stezka" (2023)

Tabulka 1-1   Nové dceřiné společnosti po akvizici skupiny LEG společností Jiecang Motion

Dceřiné společnosti	Místo registrace	Povaha podnikání	Nepřímé držení akcií	Způsob pořízení
LEG Group	Rakousko	Investoři	100%	Akvizice akcií
LDAT	Rakousko	Výroba a prodej	100%	Akvizice akcií
LDI Electronics Vertriebs GmbH	Rakousko	Investoři	100%	Akvizice akcií
Logicdata Asia Limited	Hong Kong SAR, Čína	Investoři	100%	Akvizice akcií
METMO s.r.o.	Česká republika	Výroba a prodej	100%	Akvizice akcií
Logicdata North America Inc.	Spojené státy americké	Prodej	100%	Akvizice akcií
Zhuhai Logicdata Electromechanical Co., Ltd.	Zhuhai, Čína	Nákup	100%	Akvizice akcií

(**Zdroj:** Jiecang Motion 2021 výroční zpráva)

Poznámka: Podle výroční zprávy Jiecang Motion za rok 2022 byla společnost Zhuhai Logicdata Electromechanical Co., Ltd odepsána 26. července 2022.

dceřiná společnost Jiecang Motion, investovala v Maďarsku za účelem založení Logicdata Hungary Kft., se základním kapitálem 3 miliony HUF a 100% podílem. Ke konci roku 2022 jsou v tabulka 1-2 uvedeny investiční projekty Jiecang Motion v zemích střední a východní Evropy, z nichž všechny mají charakter výroby.

Tabulka 1-2   Investiční projekty Jiecang Motion v zemích střední a východní Evropy

Společnost	Rok koupě nebo založení	Místo registrace	Povaha podnikání	Nepřímé držení akcií	Způsob pořízení
METMO s.r.o.	2021	Česká republika	Výroba a prodej	100%	Akvizice akcií
J-Star Hungary	2022	Maďarsko	Výroba	100%	Investice
Logicdata Hungary Kft.	2022	Maďarsko	Výroba	100%	Investice

(**Zdroj:** Jiecang Motion 2022 Výroční zpráva)

1. června 2023 společnost Jiecang Motion oznámila, že hodlá navýšit kapitál své dceřiné společnosti J-Star Hungary o 60 milionů EUR prostřednictvím své dceřiné

společnosti J-Star Singapore na investice do výstavby projektů evropské logistické a výrobní
základny v Maďarsku. J-Star Hungary bude plně zodpovědná za stavební a provozní řízení
projektu a investiční harmonogram projektu bude upraven podle potřeb výroby a provozu.

C. Analýza příčin

Jiecang Motion od svého založení před více než 20 lety pečlivě vytyčuje cestu pro
rozvoj domácího a mezinárodního trhu. Na jedné straně se zaměřuje na rozvoj domácího
trhu tradičních aplikací, aby si upevnila své dominantní postavení; na druhou stranu si
jako hlavní cílový trh bere Evropu a Spojené státy, kde je ekonomika rozvinutá a
kvalifikaci života se věnuje více pozornosti. Cíleně vyvíjí funkce produktu, nasazuje
zámořské výrobní kapacity a rozšiřuje exportní kanály. V tomto případě Jiecang Motion
bere Maďarsko, Českou republiku a další země střední a východní Evropy jako důležitou
součást svého procesu internacionalizace, hluboce implementuje svou obchodní strategii
mezinárodního uspořádání, optimalizuje svůj systém řízení dodavatelského řetězce a
věnuje se neustálému zlepšování mezinárodní operační schopnosti společnosti a hlavní
konkurenceschopnosti.

**1. Spojení výhod technologického výzkumu a vývoje s mezinárodním uspořádáním a
neustálé zlepšování průmyslového řetězce**

Jiecang Motion se vždy drží inovací. Má provinční výzkumné a vývojové středisko
high-tech podniků a podnikový výzkumný ústav na provinční úrovni, profesionální a stabilní
tým pro výzkum a vývoj a dostatečnou podporu pro šíři a hloubku výzkumu a vývoje.
Vytvořila silnou technickou akumulaci v oblasti designu a aplikací nových produktů a má
zřejmé technologické vedoucí postavení. Z technického hlediska vznikla technologie
lineárních pohonů v Evropě; z hlediska trhu je trh systémů lineárních pohonů v Evropě a
Severní Americe vyspělý a jsou hlavními regiony pro spotřebu produktů lineárních pohonů.
S ohledem na to Jiecang Motion od samého počátku svého založení sleduje trend
evropského a amerického trhu a je odhodlána stát se předním světovým dodavatelem
řešení lineárních pohonů tím, že navrhuje a vyvíjí produkty podle preferencí evropského a
amerického trhu z hlediska požadavků na kvalitu výrobků a funkčnost. Během let působení
na globálním trhu společnost Jiecang Motion neustále propagovala „vyjíždění", aby lépe
sloužila svým globálním zákazníkům, nashromáždila bohaté zkušenosti s výstavbou projektů
a přeshraničním managementem a vytvořila silnou mezinárodní provozní výhodu. V tomto
případě akvizice skupiny LEG, která má výjimečnou výhodu v oblasti výzkumu a vývoje, a
vybudování evropské logistické a výrobní základny jsou přínosnými přidané hodnoty do
celého průmyslového řetězce „výzkumu, výroby, dodávek a marketingu" společnosti Jiecang
Motion pro evropský region. Schopnost evropského výzkumu a vývoje a lokalizovaná výroba
a provoz jsou příznivé faktory, které přispívají k dalšímu zlepšování rozšiřování
průmyslového řetězce a zvyšují komplexní konkurenceschopnost podniku.

14

Zpráva o rozvoji hospodářské a obchodní spolupráce mezi provincií Zhejiang
a Českou republikou v rámci iniciativy „Pás a stezka" (2023)

2. Spojení výhod kvality produktů s rozsahem výroby za účelem posílení regionální konkurenceschopnosti

Jako tvůrce domácího průmyslového standardu jsou produkty vyráběné Jiecang Motion široce uznávané z hlediska kvality a výkonu. Nejen, že se výkonnostní ukazatele produktů blíží produktům mezinárodních značek, ale také řízení kvality produktů bylo certifikováno mezinárodními autoritativními organizacemi. Jiecang Motion je pěstitelský podnik „Future Factory" v provincii Zhejiang. Spoléhá na výhody kvality výrobků a domácí i zahraniční výrobní základny, klade důraz na zavádění moderního vybavení, neustále posiluje inovace procesů a má schopnost rychle dodávat ve velkém množství domácím i zahraničním zákazníkům. Nicméně, s prohlubující se obchodní expanzí v Evropě bylo pro Jiecang Motion obtížné uspokojit potřeby rychlé expanze evropského obchodního měřítka, pokud jde o kvalitu produktů a schopnost dodání. Jako původ technologie lineárních pohonů má evropský trh vysoké požadavky na design a vývoj, kontrolu kvality a efektivitu dodávek produktů lineárních pohonů. Navíc následní zákazníci z odvětví lineárních pohonů mají silné charakteristiky přizpůsobení a nestandardizace výroby produktů a mají také vyšší požadavky na dodání dodávek včas. Vybudováním lokalizovaných výrobních základen a logistických tranzitních základen v Evropě se proto může přiblížit cílovému trhu a investovat do místních velkokapacitních výrobních linek, což vede k plnému využití výhod kvality produktů. Při zlepšování funkcí a výkonu produktů může účinně reagovat na poptávku trhu a urychlit dodávku produktů, čímž zvýší konkurenceschopnost svého průmyslu v Evropě.

3. Spojení výhod rozšíření prodeje s geografickým prostředím a slibné vyhlídky na trhu

Od svého založení se Jiecang Motion aktivně účastní různých mezinárodních výstav, aby přímo kontaktoval zákazníky. Na jedné straně ukazuje sílu společnosti a propaguje produkty a služby zákazníkům, na druhé straně se dozvídá informace o zámořských trzích, zejména důležité informace o evropských a amerických trzích. Když produkty společnosti vstupují na zámořský trh, kromě toho, že odrážejí výhody ceny a kvality, věnuje velkou pozornost také budování značky a reputace. Díky spolupráci se známými místními výrobci na společném rozvoji zámořských trhů společnost rozšířila své prodejní kanály a zdroj zákazníků, čímž se chopila první příležitosti k expanzi na mezinárodní trh, když podobné domácí podniky ještě plně nerozvinuly své podnikání na zámořských trzích, a k získání vedoucího postavení v rozvoji zámořských trhů. V tomto případě země střední a východní Evropy - Maďarsko a Česká republika - patří do zemí Visegrádské skupiny (V4), které se nacházejí v „srdci euroasijského kontinentu", s vynikající geografickou polohou, dobrým podnikatelským prostředím a vysokou mírou otevřenosti. Mezi nimi je Maďarsko jedním z uzlů dopravní sítě v Evropě s kompletní infrastrukturou a rozvinutými logistickými a komunikačními sítěmi; Česká republika má nejvyšší hustotu dopravní sítě ve střední a východní Evropě s dobrými průmyslovými podpůrnými podmínkami, pohodlnými přepravními a logistickými podmínkami a stabilními talenty a informačními podmínkami. Spoléháním se na výhody expanze prodeje a geografických podmínek podporuje rozšiřování výrobní kapacity v zemích střední a východní Evropy, což může pomoci realizovat blízké služby s evropským trhem a dále zvyšovat tržní podíl.

D. Dopad a význam

Akvizice LEG Group a zřízení nového projektu evropské logistické a výrobní základny společností Jiecang Motion jsou pozitivními opatřeními ke zlepšení její konkurenceschopnosti na mezinárodním trhu a posílení jejího globálního průmyslového postavení. Je také důležitým projevem sledování vnějšího růstu a implementace mezinárodních rozvojových strategií, což je v souladu s národní iniciativou Hedvábné stezky.

1. Vytvoření špičkové image značky a vylepšení globálního statusu průmyslu

Po akvizici LEG Group společností Jiecang Motion byly výrazně posíleny její kanály, výzkum a vývoj, značka a další aspekty. Z hlediska fungování značky bude i nadále udržovat stabilitu managementu LEG Group a udržovat značku Logicdata nezávislou. LEG Group bude sloužit jako zástupce Jiecang Motion na trhu s luxusním nábytkem v Evropě a Americe, bude lépe utvářet image značky Jiecang Motion na špičkovém trhu v Evropě a Americe a spojí se s globálním provozem Jiecang Motion a efektivní výrobní kapacitou k dalšímu posílení globálního průmyslového postavení Jiecang Motion a komplexní konkurenční síly.

2. Pokračování v cestě vnějšího růstu a zvýšení pokrytí trhu do hloubky a šířky

Akvizice LEG Group je pro Jiecang Motion ve skutečnosti důležitým začátkem k realizaci své mezinárodní rozvojové strategie a pro Jiecang Motion je to důležitý způsob, jak usilovat o externí růst, který má zásadní význam. Prostřednictvím akvizice LEG Group společnost Jiecang Motion podstatně zlepšila svou technologii, značku a kanály, což pouze rozšířila svůj vliv v Evropě a zvýšila svůj tržní podíl na evropském trhu, ale také rozšířila svůj zámořský trh s využitím zámořské výrobní základny LEG Group k pokrytí dalších trhů, jako je Severní Amerika. V posledních letech s rychlým rozvojem evropského trhu Jiecang Motion nashromáždil řadu vysoce kvalitních a stabilních zákaznických základen. Poptávka po produktech se postupně zvyšovala, což kladlo vyšší požadavky na komplexní schopnosti dodavatelů v oblasti souběžného vývoje, dodávky produktů, lokální výroby a poprodejního servisu. A evropský region je druhým největším trhem pro chytré kancelářské produkty, což bude pro Jiecang Motion důležitým zdrojem a klíčovým bodem růstu, který bude v příštích třech letech řídit obchodní růst a zlepšování výkonu. Od roku 2022 společnost Jiecang Motion plánuje rozšířit svou zámořskou výrobní kapacitu a postupně investovat do založení plně vlastněných dceřiných společností a vybudovala nový projekt evropské logistické a výrobní základny v Maďarsku, což je dalším silným důkazem její snahy o externí růst a zvyšování pokrytí trhu do hloubky a šířky. Zrychlením výroby, logistiky a uspořádání trhu na jedné straně může Jiecang Motion dále rozšiřovat svou evropskou obchodní škálu kombinací místních politik a poskytovat místním zákazníkům specializované služby, včetně zlepšování designu produktů, zvyšování výkonnosti produktů a uspokojování individuálních potřeb zákazníků, a tím posílí tržní konkurenceschopnost svých produktů; na druhé straně může výrazně zlepšit svou zásobovací kapacitu evropským zákazníkům, zkrátit dodací cykly, snížit přepravní náklady, dále uspokojit požadavky zákazníků a posílit konkurenceschopnost na evropském trhu, což je v souladu se strategickým plánováním společnosti a jejími dlouhodobými zájmy.

3. Sdílení zdrojů a vzájemné posilování jsou v souladu s iniciativou Hedvábné stezky

Prostřednictvím akvizice LEG Group a výstavby nového projektu evropské logistické a výrobní základny posílil Jiecang Motion investiční spolupráci ve výzkumu a vývoji, prodeji, výrobní kapacitě a dalších oblastech, a dosáhl integrace a sdílení zdrojů a podpořil vzájemné posílení a koordinovaný rozvoj, který je v souladu s čínskou iniciativou Hedvábné stezky. Při akvizici projektu LEG Group Jiecang Motion aktivně vytvořil strategický integrační tým, aby dosáhl hluboké integrace zdrojů s LEG Group v oblasti prodeje, výroby, nákupu, technologie, zákazníků atd., aby podpořil sdílení zdrojů a vzájemné posílení, a tím vytvořil synergii ve výzkumu a vývoji, výrobě, trhu, brandingu a dalších aspektech v globálním měřítku, aby bylo dosaženo vzájemného prospěchu a oboustranně výhodné situace. Jiecang Motion může zvýšit svou konkurenceschopnost na globálním trhu chytrých kanceláří a chytrých domácností využitím efektu značky a výhod zdrojů LEG Group, zatímco LEG Group může optimalizovat svou ziskovost využitím dodavatelského řetězce, výroby a pokročilých manažerských schopností Jiecang Motion. Investice do nového projektu evropské logistické a výrobní základny v Maďarsku navíc dále zlepší uspořádání výrobní základny Jiecang Motion, která může lépe reagovat na potřeby zahraničních zákazníků, optimalizovat výrobní náklady a zlepšit ekonomickou efektivitu. Může to také pomoci společnosti Jiecang Motion pružněji reagovat na potenciální nepříznivé dopady, které mohou být způsobeny výkyvy v makroprostředí, úpravami průmyslových politik a změnami v mezinárodním hospodářském a obchodním modelu, což bude mít pozitivní význam pro udržitelný rozvoj společnosti.

III. Kulturní výměny

Česká republika je nejen důležitým obchodním partnerem a investiční destinací Zhejiangu v zemích střední a východní Evropy, ale obě strany také uskutečnily praktické výměny a spolupráci v oblasti vzdělávání, cestovního ruchu a kultury. Tříletá epidemie přinesla řadů obtíží do mezilidských výměn mezi Zhejiangem a Českou republikou, které budou postupně se skončením epidemie obnovovány.

A. Platformy pro spolupráci ve vzdělávání jsou bohaté, předměty rozmanité a vliv se neustále zlepšuje

Vzdělávací spolupráce byla vždy vrcholem spolupráce mezi Čínou a CEEC. 14. pětiletý plán rozvoje vzdělávání v provincii Zhejiang jasně poukazuje na to, že bychom měli prohloubit spolupráci se střední a východní Evropou, posílit vliv čínských (Ningbo)-středoevropských a východoevropských vzdělávacích výměnných aktivit a vytvořit most pro vzdělávací spolupráci s CEEC. Zhejiang aktivně propaguje vzdělávací spolupráci s Českou republikou a dalšími zeměmi střední a východní Evropy, nasbíral bohaté zkušenosti a vytvořil řadu značkových, výrazných a vlivných úspěchů. Konference o spolupráci ve vzdělávání Čína (Ningbo)-CEEC se uskutečnila bez přerušení a podepsala více než 100 projektů vzdělávací spolupráce se zeměmi střední a východní Evropy a navázala spolupráci nebo vztah sesterských škol s téměř 100 institucemi v zemích střední a východní Evropy a dosáhla plného pokrytí spolupráce ve vzdělávání v zemích střední a východní Evropy. Univerzita mezinárodních studií Zhejiang, Univerzita cizích jazyků Zhejiang Yuexiu a Univerzita Zhejiang Wanli zřídily obory českého jazyka a dalších jazyků střední a východní Evropy; China Jiliang University založila Konfuciův institut v Praze a společně vybudovala Zhejiang-Czech Prague Silk Road Academy se stanicí Belt and Road Czech Republic Station, Chint Group a Dahua; České výzkumné centrum Zhejiang Financial College inovovalo a praktikovalo reformu mezinárodního modelu přípravy talentů „hlavní obor + jazyk + země". Zároveň univerzity Zhejiangu a zemí střední a východní Evropy nadále podporují spolupráci think-tanků, vědecko-výzkumnou spolupráci a neustále obohacují konotaci spolupráce ve vzdělávání a zlepšují kvalitu spolupráce ve vzdělávání. Například Zhejiang Sci-Tech University a Technická univerzita v Liberci v České republice vybudovaly společnou laboratoř pokročilých vláknitých materiálů pro realizaci mezinárodních vědeckých a technologických projektů. Kromě toho vláda, průmysl, akademická sféra a výzkumné sektory v Zhejiang iniciovaly vytvoření China-CEEC Vocational College Industry-Education Alliance, Zhejiang-CEEC Education Think Tank Alliance, CEEC Economic and Trade Cooperation Think Tank Alliance, China-CEEC University Physical Education and Research Alliance, China-CEEC Music School Alliance, China (Zhejiang)-CEEC Crossborder E-commerce Industry-Education Alliance a řadu dalších aliancí, které pomohly prohloubit vzdělávací spolupráci mezi Zhejiangem a Českou republikou a dalšími zeměmi střední a východní Evropy.

B. Spolupráce v oblasti cestovního ruchu má dobrý základ se zjevnými výhodami a existuje dostatečná dynamika pro oživení

Spolupráce v oblasti cestovního ruchu mezi Zhejiangem a Českou republikou a dalšími zeměmi střední a východní Evropy má dobrý základ se zjevnými výhodami a charakteristikami. Týden pro spolupráci a výměnu cestovního ruchu mezi Čínou (Ningbo) a CEEC má velký rozsah, vysokou úroveň a širokou účast, což nejen buduje platformu pro CEEC k prozkoumání čínského trhu cestovního ruchu, ale také podporuje jedinečné turistické zdroje a investiční prostředí Zhejiangu; rozsáhlé aktivity „stovky skupin a tisíců lidí cestujících do střední a východní Evropy" podpořily nepřetržitou výměnu turistů mezi oběma stranami a pomohly vytvořit pohodlnější a efektivnější kanály cestovního ruchu a zlepšily efektivitu spolupráce v oblasti cestovního ruchu; South East Zhejiang-CEE Two-Way Tourism Promotion Alliance se stala centrem spolupráce mezi regionem delty řeky Jang-c'-ťiang a středoevropskými a

18

Zpráva o rozvoji hospodářské a obchodní spolupráce mezi provincií Zhejiang
a Českou republikou v rámci iniciativy „Pás a stezka" (2023)

východoevropskými turistickými podniky, což pomáhá zlepšit úroveň turistických výměn a spolupráci se střední a východní Evropou. Postupně byly otevřeny přímé nákladní trasy do Prahy a Budapešti, které se staly místem setkávání turistů z oblasti delty řeky Jang-c'-ťiang do střední a východní Evropy a hlavním vstupním a výstupním přístavem pro cestovní ruch. Tříletá epidemie přinesla nezměrný dopad na mezinárodní cestovní ruch. Přestože se v roce 2022 zotavil, stále není tak dobrý jako před-epidemická úroveň. Podle Světové organizace cestovního ruchu se počet světových výjezdových turistů v roce 2022 oproti roku 2021 zdvojnásobil, ale v roce 2019 činil pouze 63%. Podle České centrály cestovního ruchu se počet českých turistů v roce 2022 zvýšil o 71% ve srovnání s rokem 2021, ale stále je o 12% nižší než v roce 2019. Zhejiang a Česká republika aktivně rozšiřují kanály spolupráce v oblasti cestovního ruchu, hluboce prozkoumávají zdroje cestovního ruchu a vytvářejí výrazné turistické značky. V květnu 2022 odbor kultury a cestovního ruchu provincie Zhejiang a čínské velvyslanectví v České republice společně zorganizovaly online aktivitu „Měsíc propagace kultury a cestovního ruchu provincie Zhejiang", která trvala téměř jeden měsíc a sestávala z 29 online programů v devíti typech, včetně výstav, akrobacie, tanečních dramat, lidové hudby, symfonií, rozhovorů s cizinci, workshopů gurmánských jídel, cloudové učebny objednávání čaje a oper. Program českým přátelům názorně představil hluboké kulturní dědictví a bohaté zdroje cestovního ruchu Zhejiangu, dále zvýšil povědomí o značce „Malebný Zhejiang" a propagoval spolupráci, výměnu a vzájemné učení cestovního ruchu mezi Zhejiangem a Českou republikou. Na konci roku 2022 Čína zrušila cestovní omezení související s epidemií, což přineslo velký přínos pro oživení mezinárodního trhu cestovního ruchu a přineslo novou vlnu oživení spolupráce v oblasti cestovního ruchu mezi Zhejiangem a Českou republikou a ostatními zeměmi střední a východní Evropy.

C. Byly provedeny různé formy kulturních výměn s aktivními interakcemi online i offline

Mezi Zhejiangem a Českou republikou a dalšími zeměmi střední a východní Evropy probíhaly různé formy kulturních výměn. Obě strany nejen stavěly mezinárodní prostory jako silnou podporu, ale také organizovaly různé kulturní a umělecké výměnné aktivity zaměřené na prvky zemí střední a východní Evropy s cílem posílit spojení mezi těmito dvěma národy. Čínské kulturní centrum v Sofii, společně založené městskou vládou Ningbo a ministerstvem kultury a cestovního ruchu, je prvním čínským kulturním centrem ve střední a východní Evropě a jeho role, jako důležitého okna pro „kulturní diplomacii", se neustále projevuje a pro domácí skupiny se stalo důležitou zastávkou při návštěvě střední a východní Evropy. Zhejiang Finance College postupně vybudovala český pavilon a čínsko-české kulturní výměnné centrum, postupně optimalizuje kulturní zkušenosti a výměnné prostředí a zavázala se vybudovat okno mezi Zhejiangem a Českou republikou a zeměmi střední a východní Evropy. V květnu se konal online koncert Tianyi Pavilion·Moon Lake Central and Eastern Europe, který porušil tradiční režim sledování a přijal metodu pomalého živého online vysílání, aby vytvořil umělecký dialog s čínskou a západní instrumentální hudbou a prohloubil kulturní a umělecké výměnu mezi Čínou a zeměmi střední a východní Evropy. V říjnu byl zahájen „Okouzlující týden propagace zboží ve střední a východní Evropě 2022", který rozšířil kulturní vliv zboží střední a východní Evropy prostřednictvím osmi živých video přenosů „Demonstrační zóna střední a východní Evropy". Kampaň představovala hluboké odhalení a interpretaci kultury a příběhů za komoditami, což zase inkubovalo řadu komoditních značek střední a východní Evropy s jedinečnou konkurenceschopností a přijetím na trhu. V listopadu, jako jedna z důležitých aktivit módního festivalu Ningbo 2022, byla podle plánu zveřejněna tematická dynamická přehlídka „Ningbo Maritime Silk Road, Fashionable Central and Eastern Europe". Jednalo se o tematickou módní přehlídku, která integrovala kulturní prvky Číny a zemí střední a východní Evropy. Spojila tradiční regionální prvky odívání v Ningbo, výchozího přístavu Námořní hedvábné stezky, s bohatými a rozmanitými prvky etnických vzorů zemí střední a východní Evropy, aby vytvořila oděvní styl, který kombinuje východní i západní estetiku. To nejen podpořilo kulturní rezonanci a uměleckou integraci mezi Zhejiangem a zeměmi střední a východní Evropy, ale také posílilo kulturní výměny a vzájemné učení mezi oběma stranami.

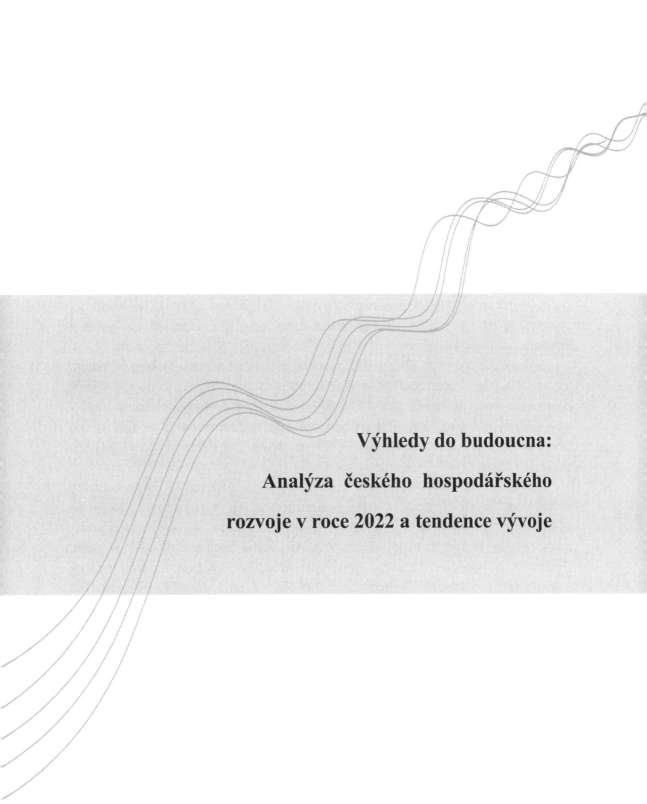

Výhledy do budoucna:
Analýza českého hospodářského
rozvoje v roce 2022 a tendence vývoje

Shrnutí obsahu

◆ **Přehled českého hospodářského růstu v roce 2022**

V roce 2022 byla dynamika oživení české ekonomiky brzděna vnějšími faktory, jako je inflace a energetická krize, což vedlo k výraznému zpomalení hospodářského růstu. HDP za rok dosáhl 6795,101 miliardy Kč, což představuje meziroční růst o 2,5%, tedy pomalejší tempo růstu než v roce 2021. Celkový výkon ekonomiky byl charakterizován vysokými cenami, utlumenou spotřebou a stagnující výrobou. Zatímco dovozní a vývozní obchod se zvýšil, tempo růstu se snížilo, což vedlo k oslabení příspěvku k HDP.

Průmysl, zejména zpracovatelský, zaujímal významné místo v českém národním hospodářství. Jeho podíl na HDP se však oproti předchozímu roku snížil, přičemž ve zpracovatelském průmyslu došlo k poklesu o 1,4 procentního bodu. Výroba v odvětvích výroby elektřiny, tepla a plynu poklesla. Podíl finančních a pojišťovacích činností i odvětví služeb, jako je veřejná správa, školství, zdravotnictví a sociální péče se na HDP rovněž snížil.

Vzhledem k oslabení spotřební kapacity a poklesu indexu ekonomické důvěry zaujali spotřebitelé opatrný postoj k budoucímu vývoji ekonomiky, což vedlo ke zpomalení růstu spotřební poptávky domácností. Vláda se snažila stimulovat investice, aby podpořila hospodářský růst, ale tvorba fixního kapitálu byla slabá. Dovozní a vývozní obchod se zbožím se zaktivizoval, přičemž růst dovozu výrazně ovlivnila energetická krize. Přebytek obchodní bilance za rok přesáhl 1 miliardu. USD pouze v lednu a září. Hlavním faktorem trápejícím českou ekonomiku v roce 2022 byla inflace, jejíž roční míra inflace dosahovala až 15,1%. Česká národní banka v reakci na vysokou míru inflace průběžně zvyšovala základní úrokovou sazbu na nejvyšší úroveň od roku 1999. Došlo ke snížení fiskálního deficitu.

◆ **Prognóza trendu českého hospodářského rozvoje**

V roce 2023 je Česká republika neustále ovlivňována negativními faktory, jako je rusko-ukrajinský konflikt, energetická krize a vysoká inflace, která by měla udržet ekonomiku na pokraji propasti recese. Optimistický odhad naznačuje tempo růstu o 0,5%, pokles míry inflace na 11,2% a potenciální růst míry nezaměstnanosti na 3,7%.

V roce 2023 čelí česká ekonomika mnoha výzvám a mezi nepříznivé faktory pro oživení ekonomiky patří především: vysoká inflace zůstává „těsným prokletím" hospodářského oživení, „nedostatek amerického dolaru" prohlubuje globální finanční rizika, bojkotuje obchod, nedostatečné dodávky energií zůstávají „narušitelem" ekonomické bezpečnosti a nedostatek pracovních sil nadále podkopává základy českého zpracovatelského průmyslu. Mezi příznivé faktory, které lze uchopit, patří především: základní zdraví ekonomiky podporuje oživení průmyslu a služeb; finanční injekce EU podporuje ekologickou a digitální transformaci; mezinárodní trh se zotavuje a očekává se, že zahraniční obchod zvýší míru příspěvku k HDP.

Česká hospodářské oživení v roce 2022 bylo zbrzděno a tempo růstu se výrazně zpomalilo. Celkový HDP České republiky za rok dosáhl 6795,101 miliardy Kč, což představuje meziroční nárůst o 2,5%. Působení vnějších faktorů, jako je inflace a energetická krize, se v české ekonomice v roce 2022 projevilo především vysokými cenami, utlumenou spotřebou a stagnující výrobou. Dovoz a vývoz zboží se ve srovnání s rokem 2021 zvýšil, ale tempo růstu nebylo tak vysoké jako dříve a hnací účinek na HDP byl oslaben. V roce 2023 s přetrvávajícími obavami z rusko-ukrajinského konfliktu a kumulací negativních dopadů energetické krize, prudkého růstu cen apod. je česká ekonomika plná nejistoty. Očekává se, že Česká republika bude v roce 2023 na pokraji recese, přičemž optimistický odhad hospodářského růstu dosáhne 0,5%. Očekává se, že cenová hladina bude nadále fungovat na vysoké úrovni a dvouciferná míra inflace by měla zůstat zachována po celý rok. V současné době čelí česká ekonomika mnoha nepříznivým faktorům, jako je vysoká inflace, zesílená globální finanční rizika, přetrvávající energetická krize a stárnutí populace. Zároveň, pokud se České republice podaří efektivně využít příznivé faktory, jako jsou zdravé ekonomické základy, kapitálové injekce EU a oživení poptávky na mezinárodním trhu, bude ekonomika postupně vykazovat trend oživení.

Ⅰ. Přehled českého hospodářského růstu v roce 2022

A. V roce 2022 čelila česká ekonomika další výzvě a oživení bylo opět zbrzděno

V roce 2022 činil hrubý domácí produkt (HDP) České republiky 6795,101 miliardy Kč (v přepočtu 290,886 mld. USD při průměrném ročním směnném kurzu 23,36, stejně jako níže), což představuje meziroční růst o 2,5%, který byl nižší než očekávání růstu ve výši 4,4% podle Evropské komise a 3,9% podle Ministerstva financí ČR. Tempo růstu bylo rovněž pomalejší než v roce 2021 (jak ukazuje graf 2-1). Na základě údajů ve stálých cenách roku 2015 činil reálný

HDP v roce 2022 5318,4 miliardy Kč a úroveň ekonomické a sociální produkce se vrátila na úroveň v roce 2019 před pandemií.

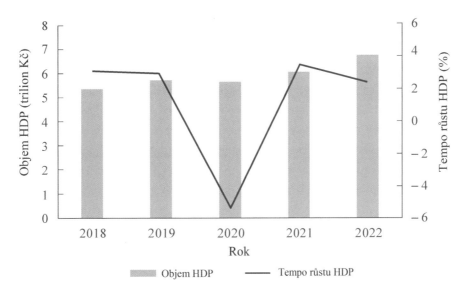

Graf 2-1 Objem a tempo růstu českého HDP mezi léty 2018 a 2022

(**Zdroj:** Český statistický úřad)

Poznámka: Objem HDP je uveden dle letošních údajů o cenách, tempo růstu je uvedeno dle neměnných údajů o cenách za rok 2015, stejně jako níže.

Pro porovnání změn objemu produkce může statistika zvolit vyloučení cenového faktoru, který může jasněji odrážet dopad cenových faktorů na hospodářský vývoj. Tento dopad může ověřit rozdělení čtvrtletních temp růstu HDP v roce 2022. Na čtvrtletní bázi se čtvrtletní tempo růstu českého HDP v běžných cenách pohybovalo nad 10%, přičemž v prvním až čtvrtém čtvrtletí činilo 11,3%, 10,6%, 11,5% a 11,5%. Při použití objemových indexů HDP, které vylučují cenové faktory, by tempo růstu českého HDP v prvním až čtvrtém čtvrtletí roku 2022 činilo pouze 4,7%, 3,5%, 1,5% a 0,3%, tj. tempo růstu reálné produkční kapacity ČR se v prvním až čtvrtém čtvrtletí zúžilo. Je patrné, že tempo růstu HDP v běžných cenách bylo při prudkých výkyvech cen zřetelně nadsazené. Ve skutečnosti byla inflace nejdůležitějším faktorem ovlivňujícím českou ekonomiku v roce 2022. Rusko-ukrajinský konflikt způsobil růst cen energií, což bylo spouštěčem dominového efektu. Rostoucí ceny surovin, zvyšující se náklady na dopravu a vysoké výrobní náklady podniků vedly k nedostatku motivace k rozšiřování výroby. Spotřebitelské ceny zůstaly vysoké, životní náklady se zvýšily, spotřeba byla slabá a spotřebitelské výdaje se oproti roku 2021 snížily o 0,9 procentního bodu. Navzdory záměru vlády rozšířit výdaje s cílem podpořit ekonomiku nebyla celková spotřeba schopna vytvořit v roce 2022 tahový efekt na růst HDP. Růst HDP se stal více závislý na rozšiřování investic.

Z hlediska sektorů dosáhl HDP českého průmyslu v roce 2022 výše 1730,787 miliardy Kč

26

Zpráva o rozvoji hospodářské a obchodní spolupráce mezi provincií Zhejiang
a Českou republikou v rámci iniciativy „Pás a stezka" (2023)

(v přepočtu 74,092 mld. USD) a tvořil 25,5% HDP, což představuje pokles o 0,5 procentního bodu oproti roku 2021 (graf 2-2). V průmyslovém sektoru byl páteří českého národního hospodářství zpracovatelský průmysl, jehož hrubý produkt dosáhl v roce 2022 výše 1439,393 miliardy Kč (v přepočtu 61,618 mld. USD), a představuje 21,2% HDP, což je pokles o 1,4 procentního bodu oproti roku 2021. Při tak výrazném růstu cen podíl české zpracovatelské výroby spíše klesal, než aby rostl, což vyžaduje ostražitost. Podle údajů zveřejněných Českým statistickým úřadem se v roce 2022 snížila produkce v odvětví výroby elektřiny, tepla a plynu, což bylo neoddělitelně spojeno s energetickou krizí v Evropě, zatímco stavebnictví meziročně vzrostlo o 1,9%, a to především díky zvýšení produkce pozemního a inženýrského stavitelství, přičemž bytová výstavba vzrostla o 1,5% a inženýrské stavitelství o 1,0%, ale počet stavebních projektů a jejich celková hodnota se meziročně snížily o 5,4%, resp. o 1,6%. Automobilový průmysl, který zaznamenal útlum v důsledku potíží s dodávkami některých komponentů, se v listopadu 2022 zotavil a stal se oporou průmyslového růstu. Podle údajů zveřejněných

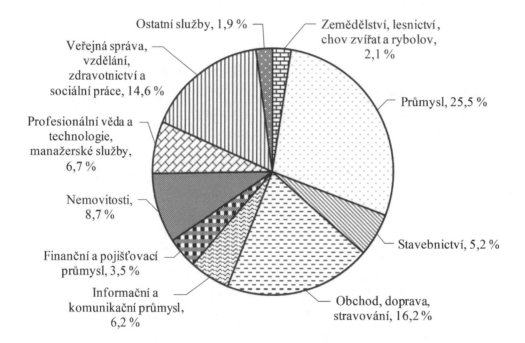

Graf 2-2   Distribuce českého HDP v průmyslu v roce 2022[1]

(**Zdroj:** Český statistický úřad)

Poznámka: Průmysl zahrnuje těžbu, zpracovatelský průmysl a výrobu a dodávky elektřiny, tepla, plynu a vody.

---

1 Ve statistickém smyslu HDP = produkce průmyslu + daně − dotace, takže v procentech údajů (daně − dotace) je rozdíl 9 %.

Sdružením automobilového průmyslu ČR vzrostla česká výroba osobních automobilů v roce 2022 meziročně o 10,2%, zatímco produkce Škody vzrostla meziročně pouze o 1,9% a výrazně zaostává za tempy růstu jihokorejského Hyundai (17,3%) a Toyoty Peugeot Citroën (34,9%). Mezitím prodej nových automobilů v České republice meziročně klesl o 7,2% a dovoz ojetých automobilů se snížil o 13,2%, což je nejméně od roku 2015. Mezi faktory ovlivňující výrobu a prodej automobilů patří mimo jiné přetrvávající nedostatek polovodičů, krize na Ukrajině, zablokování dodavatelského řetězce, rostoucí ceny energií a surovin a přetrvávající nejistota na světovém trhu. Mezi odvětví v sektoru služeb, která zaznamenala pokles podílu na HDP, patří finance a pojišťovnictví a veřejná správa, vzdělávání, zdravotnictví a sociální péče. Hodnota českého finančního a pojišťovacího sektoru v roce 2022 činila 238,420 miliardy Kč (v přepočtu 10,206 mld. USD) a klesla na 3,5% HDP z 3,8% v roce 2021, zatímco hodnota služeb veřejné správy, vzdělávání, zdravotnictví a sociální práce se propadla o 0,7 procentního bodu na 14,6% HDP. Vedle průmyslu se na HDP nejvíce podílely velkoobchod a maloobchod, doprava, ubytování a stravování, jejichž hodnota v roce 2022 dosáhla 1101,831 miliard korun (v přepočtu 47,167 mld. USD), tj. 16,2% HDP, což je o 0,4 procentního bodu více než před rokem, nelze však vyloučit, že to bylo způsobeno cenovými faktory.

B. Domácí poptávka zůstává hlavní nosnou silou ekonomiky, ale šíří se opatrnost a index ekonomické důvěry klesá

Domácí poptávka je významnou podpůrnou silou rozvoje české ekonomiky. Jak ukazuje tabulka 2-1, velikost české domácí poptávky v roce 2022 dosáhla 6802,147 miliardy Kč, což představuje meziroční nárůst o 14,7%, tj. 100,1% celkového HDP. Při vyloučení kurzotvorného faktoru se podpůrná role domácí poptávky pro hospodářský rozvoj oslabila.

Pokud jde o spotřebu, spotřeba domácností rostla, ale dopad cenových faktorů byl zřejmý.Záměr vlády zvýšit výdaje byl omezen politickým cílem snížit schodek. V roce 2022 dosáhly celkové výdaje na spotřebu v ČR 4560,186 miliard Kč, což představovalo meziroční nárůst o 11,7%, a tvořily 67,1% celkového HDP, které odpovídalo roku 2021. Z toho výdaje na spotřebu domácností dosáhly 3129,735 miliard Kč, meziroční nárůst o 15,2%, což představovalo 46,1% celkového HDP. Výdaje na vládní spotřebu činily 1373,648 miliard Kč, meziroční nárůst o 4,8%, což představovalo 20,2% celkového HDP. Po zohlednění kurzového faktoru se tempo růstu českých spotřebitelských výdajů měřených v amerických dolarech výrazně snížilo, výdaje na vládní spotřebu se dokonce posunuly z kladných hodnot do záporných a upravily se na pokles o 2,9%, čímž nedokázaly podpořit růst HDP. Spotřebitelé se stavěli k budoucímu vývoji ekonomiky opatrně. Podle měsíčních údajů o indexu ekonomické důvěry zveřejněných Českým statistickým úřadem činil průměrný měsíční index spotřebitelské důvěry 75,5 v roce 2022, což je mnohem méně než 92,1 v roce 2021 a 96,9 v roce 2020.

Tabulka 2-1   Podíl české domácí poptávky na růstu HDP v roce 2021

Položka poptávky	Částka/100 mil. Kč	Míra růstu/% (v místní měně)	Míra růstu/% (v USD)	Podíl/%
Celková domácí poptávka	68 021,47	14,7	6,4	100
●Celková spotřeba	45 601,86	11,7	3,0	67,0
▲Spotřeba domácností	31 297,35	15,2	6,1	46,1
▲Výdaje vlády	13 736,48	4,8	−2,9	20,2
●Tvorba kapitálu	22 419,61	21,5	14,0	33,0
▲Tvorba fixního kapitálu	18 377,54	15,7	9,4	27,0

(**Zdroj:** Český statistický úřad)

Pokud jde o investice, vláda doufá, že se jí podaří stimulovat investice, aby podpořila hospodářský růst, ale tvorba fixního kapitálu zůstává slabá. V roce 2022 činila celková tvorba kapitálu v České republice 2241,961 miliardy Kč (v přepočtu 95,974 mld. USD), což představuje meziroční nárůst o 21,5% a podíl na celkovém HDP ve výši 33,0%, nárůst o více než 3 procentní body oproti roku 2021. Z toho tvorba fixního kapitálu dosáhla 1837,754 miliardy Kč (v přepočtu 78,671 mld. USD), což představuje meziroční nárůst o 15,7%. Skutečná úroveň investic se oproti roku 2021 zvýšila o téměř 250 miliard Kč, ale tvorba fixního kapitálu měřená v amerických dolarech se snížila o 7,4 miliardy USD.

C. Obchod se zbožím se stává aktivnějším a tempo růstu dovozu je výrazně ovlivněno energetickou krizí

V roce 2022 český obchod se zbožím nadále rostl, ale tempo růstu bylo výrazně nižší ve srovnání s více než 20% tempem růstu v roce 2021, přičemž růst dovozu předstihl růst vývozu. Jak ukazuje graf 2-3, Česká republika dosáhla v roce 2022 celkového objemu obchodu se zbožím 478,143 mld. dolarů, což představuje meziroční nárůst o 8,6%. Z toho vývoz činil 241,879 miliardy USD, meziroční nárůst o 6,4%. Dovoz dosáhl 236,264 miliardy USD, meziroční nárůst o 11,1%, což představuje nárůst o 26,1% oproti úrovni před pandemií (rok 2019). Obchod se zbožím se po uvolnění pandemických omezení postupně zotavil a pozitivní roli sehrála i vládní stimulační hospodářská politika. Rychlý růst dovozu byl způsoben především výrazným zvýšením dovozu energetických komodit v důsledku energetické krize.

Česká republika je typickou exportně orientovanou ekonomikou, jejíž hospodářský rozvoj je do značné míry závislý na mezinárodním trhu a je citlivá na vlivy vnějšího prostředí. V roce 2022 činila závislost ČR na vývozu 87,6% a závislost na dovozu 86,5%, v obou případech vyšší než v roce 2021. Při pohledu na obchodní bilanci vyplývá, že podle sezónně očištěných údajů o obchodu zveřejněných Českým statistickým úřadem činil přebytek českého obchodu se zbožím v roce 2022 5,615 mld. USD a opět dosáhl historického minima. Měsíční obchodní bilance kolísala, pouze v lednu a září přebytek obchodu přesáhl 1 miliardu USD, a obchodní deficity v dubnu, květnu, červenci a srpnu.

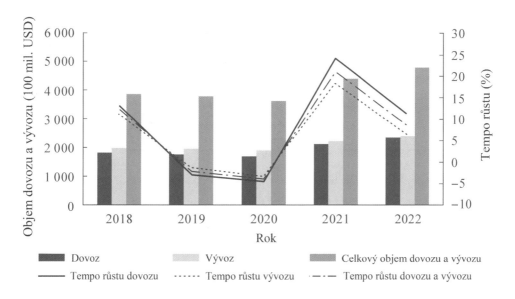

Graf 2-3   Objem a tempo růstu českého dovozu a vývozu mezi léty 2018 a 2022
(**Zdroj:** Český statistický úřad)

Z hlediska obchodních partnerů se 70% českého obchodu se zbožím stále uskutečňovalo v rámci EU. V roce 2022 do EU-27 vyvezla Česká republika 197,227 mld. USD, což představovalo 81,5% jejího celkového vývozu; z EU-27 dovezla 129,245 mld. USD, což představovalo 54,7% jejího celkového dovozu. Pokud se podíváme na konkrétní země, mezi pět hlavních destinací českého vývozu v roce 2022 patřilo Německo (32,7%), Slovensko (8,4%), Polsko (7,1%), Francie (4,7%) a Rakousko (4,4%). Mezi pět hlavních zdrojových zemí českého dovozu patřilo Německo (19,8%), Čína (18,7%), Polsko (8,0%), Rusko (4,8%) a Slovensko (4,2%). Pozoruhodné je, že navzdory sérii českých sankcí vůči Rusku v důsledku rusko-ukrajinského konfliktu poskočilo Rusko jako zdroj českého dovozu v roce 2022 z 6. na 4. místo, přičemž dovoz vzrostl ze 7 mld. USD v roce 2021 na 11,374 mld. USD v roce 2022 a podíl dovozu z Ruska na českém dovozu se zvýšil z 3,3% v roce 2021 na 4,8% v roce 2022. Největším obchodním partnerem České republiky zůstalo Německo, jehož podíl na celkovém českém zahraničním obchodu činil 26,4%. Čína zůstává 2. největším zdrojem dovozu pro Českou republiku, přičemž pořadí vývozu se zvýšilo ze 17. na 16. místo. Bilaterální obchod se zbožím mezi Čínou a Českou republikou dosáhl za rok 47 miliard USD, což je meziročně o 22,4% více a představuje 9,8% českého zahraničního obchodu. Z toho ČR vyvezla do Číny zboží za 2,7 miliardy USD, což je meziroční pokles o 10%, dovezla z Číny zboží za 44,3 miliardy USD, což je meziroční nárůst o 25,1%, a vykázala s Čínou obchodní deficit ve výši 41,6 miliardy USD.

Z hlediska obchodovaného zboží jsou v ČR na prvním místě stroje a dopravní prostředky, a to díky silné průmyslové základně. Jak ukazuje tabulka 2-2, v roce 2022 deset nejvýznamnějších položek českého vývozu tvořilo dohromady 66,7% celkového českého vývozu za stejné období a bylo rozděleno především mezi tři hlavní obchodní kategorie strojů a dopravních prostředků, průmyslové výrobky tříděné hlavně podle materiálu a různé výrobky. Všech pět nejvýznamnějších vývozních položek patřilo do kategorie strojů a dopravních prostředků, které dohromady tvořily 49,7% celkového českého vývozu. Z nich se na mezinárodním trhu nejvíce prosazovala silniční vozidla (včetně vozidel na vzduchovém polštáři), jejichž vývoz činil 42,514 mld. USD,

Tabulka 2-2   Top 10 komodit českého vývozu v roce 2022

Číslo	Název komodity	Kategorie	Objem vývozu (100 mil. USD)	Podíl (%)
1	Pozemní vozidla (včetně vznášedel)	Stroje a dopravní prostředky	425,14	17,6
2	Elektrická stroje, zařízení a jejich součásti	Stroje a dopravní prostředky	253,62	10,5
3	Telekomunikační a záznamová zařízen	Stroje a dopravní prostředky	200,77	8,3
4	Kancelářské stroje a stroje na automatické zpracování dat	Stroje a dopravní prostředky	172,71	7,1
5	Všeobecné průmyslové stroje a zařízení	Stroje a dopravní prostředky	148,80	6,2
6	Ostatní výrobky	Ostatní výrobky	118,62	4,9
7	Kovové výrobky	Hotové výrobky rozdělené dle materiálu	111,35	4,6
8	Stroje pro využití ve speciálních odvětvích	Stroje a dopravní prostředky	66,20	2,7
9	Železo a ocel	Hotové výrobky rozdělené dle materiálu	64,97	2,7
10	Elektrický proud	Minerální paliva, maziva a paliva	50,85	2,1

(**Zdroj:** Český statistický úřad)

Poznámka: Obchodní zboží je v tomto textu klasifikováno podle dvoumístného kódu SITC.

tedy přibližně 17,6% celkového českého vývozu. V případě Číny patřily v roce 2022 mezi tři nejvýznamnější zboží vyvážené Českou republikou do Číny: 1) elektrické stroje, přístroje a zařízení, 2) všeobecné průmyslové stroje a zařízení a 3) odborné, vědecké a kontrolní přístroje. Všechny tyto výrobky představovaly silnou konkurenceschopnost České republiky v odvětvích, jako jsou strojírenská zařízení, elektronika, přesné přístroje a optické komponenty. Kromě toho má Česká republika výhodnou pozici v pokročilých vědeckých oborech, jako je biomedicína, nanomateriály, výroba čipů a nová energetika. Řešení klimatických změn je společným úkolem všech zemí světa a podpora transformace energetiky je také společným návrhem, kterému čelí svět. Čína a Česká republika mají do budoucna také mnoho příležitostí ke spolupráci v oblasti zelených technologií, zelené energie a zelených investic.

V roce 2022 bylo v tabulce 2-3 uvedeno 10 nejvýznamnějších českých dovozů, které se na

Tabulka 2-3   Top 10 komodit českého dovozu v roce 2022

Číslo	Název komodity	Kategorie	Objem vývozu (100 mil. USD)	Podíl (%)
1	Elektrická stroje, zařízení a jejich součásti	Stroje a dopravní prostředky	282,81	12,0
2	Telekomunikační a záznamová zařízení	Stroje a dopravní prostředky	205,29	8,7
3	Pozemní vozidla (včetně vznášedel)	Stroje a dopravní prostředky	193,50	8,2
4	Kancelářské stroje a stroje na automatické zpracování dat	Stroje a dopravní prostředky	144,95	6,1
5	Všeobecné průmyslové stroje a zařízení	Stroje a dopravní prostředky	105,54	4,5
6	Železo a ocel	Hotové výrobky rozdělené dle materiálu	103,72	4,4
7	Zemní a průmyslový plyn	Minerální paliva, maziva a paliva	98,72	4,2
8	Ostatní výrobky	Ostatní výrobky	97,81	4,1
9	Ropa, ropné výrobky a související materiály	Minerální paliva, maziva a paliva	92,82	3,9
10	Kovové výrobky	Hotové výrobky rozdělené dle materiálu	80,81	3,4

(**Zdroj:** Český statistický úřad)

celkovém dovozu do ČR ve stejném období podílely 59,5%. Stejně jako v případě vývozu bylo všech 5 nejvýznamnějších dovozů tvořeno stroji a dopravními prostředky, přičemž se tyto komoditní kategorie zcela překrývaly a jejich společný podíl na dovozu činil 39,5%, což naznačuje, že vnitropodnikový obchod se stroji a dopravními prostředky byl poměrně aktivní. Napětí v oblasti energetiky plynoucí z rusko-ukrajinského konfliktu vedlo k prudkému nárůstu českého dovozu energetických produktů, přičemž dovoz plynu, zemního a průmyslového prudce vzrostl z 3,633 miliardy USD v roce 2021 na 9,872 miliardy USD v roce 2022, což představuje nárůst o 171,7%. Rovněž objem dovozu ropy, ropných produktů a souvisejících materiálů se zvýšil na 9,282 miliardy USD z 6,652 miliardy USD v roce 2021, což představuje meziroční nárůst o 39,5%. V případě Číny byly v roce 2022 třemi nejvýznamnějšími komoditami dováženými z Číny do ČR v pořadí telekomunikační zařízení a zařízení pro záznam zvuku, kancelářské stroje a stroje pro automatické zpracování dat a elektrické stroje, přístroje a zařízení, jejichž objem dovozu činil 14,93, 9,58 a 7,89 miliardy USD, což představovalo 33,7%, 21,6% a 17,8% celkového dovozu ČR z Číny. Z toho telekomunikační a zvuková zařízení, elektrické stroje, přístroje a součástky meziročně vzrostly o 48,8%, resp. 54,8%, zatímco kancelářské stroje a stroje pro automatické zpracování dat se oproti roku 2021 téměř nezměnily.

D. Inflace nadále stoupá a základní úrokové sazby vzrostly na nejvyšší úroveň od roku 1999

V roce 2022 česká inflace nadále stoupala. Jak ukazuje graf 2-4, míra inflace v České republice v roce 2022 dosáhla 15,1%, což je o 11,3 procentního bodu více než v roce 2021 a nejvyšší míra inflace od roky 1993, kdy vznikla samostatná Česká republika. Podíváme-li se na měsíční údaje (graf 2-5), zjistíme, že míra inflace v ČR zahájila rok 2022 vysokým tempem, když již v lednu dosáhla 9,9%, a poté pokračovala v růstu, v období od ledna do dubna se vyšplhala z 9,9% na 14,2%. Růst pak pokračoval nezmenšenou rychlostí a na konci třetího čtvrtletí dosáhl 18,0%. Z hlediska konkrétních odvětví vzrostly v roce 2022 v České republice ceny potravin o 16,7%, ceny oděvů a obuvi o 18,6%, ceny vody, elektřiny a plynu a ceny dopravy vyvolané energetickou krizí o 19%, resp. 18%, a ceny stravování a ubytování vzrostly až o 21%. Inflace dosáhla vrcholu a poklesla v září a od října do prosince pomalu klesala a v prosinci 2022 se zablokovala na 15,8%. Pokles cen nevedlo ke stabilizaci klesajícího trendu a měsíční česká inflace si v roce 2023 znovu postavila hlavu. Podle nejnovějších údajů zveřejněných Českým statistickým úřadem dosáhla míra inflace v květnu 2023 v České republice 15,8%, což z ní činí jednu z nejvíce inflačních zemí v rámci členských států EU. Podle údajů Eurostatu na základě cenové hladiny z roku 2015 dosáhl index cenové hladiny v roce 2022 v ČR 132,1%, což bylo lepší než pouze ve třech členských zemích EU - Litvě, Maďarsku a Estonsku. Podle prognózy České národní banky by měla česká inflace v roce 2023 dosáhnout 11,2% a k normálu by se měla vrátit v roce 2024, kdy se očekává pokles inflace zpět na 2,1%.

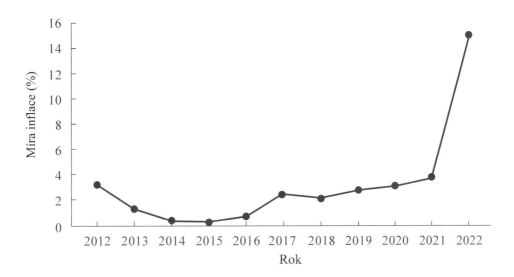

Graf 2-4   Míra inflace a její vývoj v Česku

(**Zdroj:** Český statistický úřad)

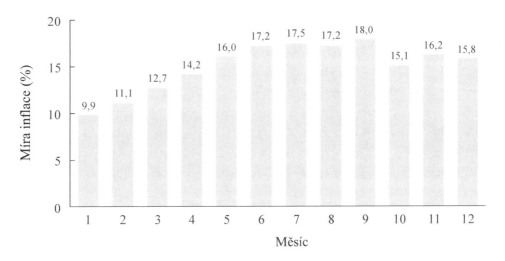

Graf 2-5   Měsíční změny české inflace v roce 2022

(**Zdroj:** Český statistický úřad)

Česká národní banka ve snaze omezit inflaci zvyšuje základní úrokovou sazbu průběžně od května 2020 a v roce 2022 ji zvýšila již čtyřikrát (graf 2-6). K poslední úpravě došlo v červnu 2022, kdy Česká národní banka zvýšila svou základní úrokovou sazbu na rekordních 7%, což je nejvyšší úroveň od května 1999. V důsledku této úpravy se česká základní úroková sazba během dvou let rychle zvýšila z 0,25% na 7%. Zvýšení základní úrokové sazby však nezmírnilo importovanou inflaci, ale spíše utlumilo investiční poptávku podniků a zvýšilo provozní náklady podniků, čímž vystavilo českou ekonomiku riziku stagflace.

34

Zpráva o rozvoji hospodářské a obchodní spolupráce mezi provincií Zhejiang a Českou republikou v rámci iniciativy „Pás a stezka" (2023)

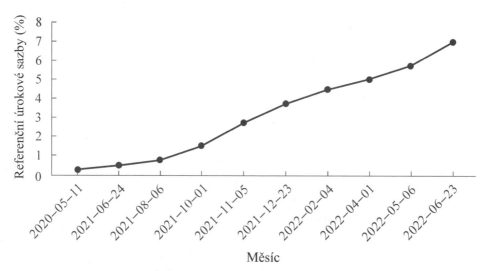

Graf 2-6   Změny referenčních úrokových sazeb v ČR (květen 2020-červen 2022)
(**Zdroj:** Česká centrální banka)

Snižování fiskálního deficitu je jedním z vládních programů současné české vlády. V roce 2022 činil fiskální deficit ČR 360,4 miliardy Kč (přibližně 15,4 miliardy USD), což představuje snížení o 59,3 miliardy Kč (přibližně 2,5 miliardy USD) oproti fiskálnímu deficitu v roce 2021. Snížení fiskálního deficitu ČR vyplývalo především ze zrušení politiky prevence a kontroly epidemií a zvýšení daňových příjmů. Podle údajů zveřejněných Ministerstvem financí ČR činily daňové příjmy českého státu v roce 2022 celkem 1,18 bilionu Kč (cca 50,7 miliardy USD), meziročně vzrostly o 13,2%. S výjimkou silniční daně se v různé míře zvýšily příjmy z DPH, daně z příjmů právnických osob, daně z příjmů fyzických osob a spotřební daně. Z nich DPH meziročně vzrostla o 15,6%, zatímco daň z příjmů právnických osob se meziročně zvýšila o 17,3%. Schodek veřejných financí ČR v roce 2022 činil 5,3% HDP, což je méně než v roce 2021, kdy činil 5,9%. Státní dluh dosáhl 42,7% HDP, což je mírný nárůst oproti roku 2021, a Česká republika zůstala jednou z nejméně zadlužených zemí v EU. Česká republika v roce 2023 dále kontrolovala výši státního rozpočtu, Ministerstvo financí ČR schválilo návrh rozpočtu ústředních vládních institucí v září 2022 a předpokládalo fiskální deficit v roce 2023 ve výši 295 miliard korun.

II. Prognóza trendu českého hospodářského rozvoje

A. Celkový trend

Očekává se, že v roce 2023 českou ekonomiku budou i nadále sužovat negativní faktory, jako je rusko-ukrajinský konflikt, energetická krize a vysoká inflace, a ekonomika se bude pohybovat na hranici recese. Prognózy České národní banky byly poměrně optimistické, jak znázorňuje tabulka 2-4. Poslední údaje prognózy z května 2023 ukazují, že česká ekonomika by měla v roce 2023 růst o 0,5%, což představuje revizi směrem nahoru o 0,4 procentního bodu oproti údajům prognózy z února 2023. Z hlediska struktury HDP se Česká národní banka domnívala, že spotřeba domácností prudce poklesne v důsledku poklesu reálných mezd domácností v důsledku vysoké inflace. Očekává se, že rok 2023 bude pro domácnosti i podniky náročným rokem, a to v souvislosti s řadou rizik pro globální ekonomiku. Poslední prognóza zveřejněná Ministerstvem financí ČR v červnu rovněž zvýšila tempo růstu českého HDP pro rok 2023 na 0,3% z předchozí prognózy 0,1%. Česká národní banka rovněž předpověděla, že inflace v roce 2023 klesne na 11,2% a v roce 2024 na 2,1% z 15,1% v roce 2022; nezaměstnanost se zvýšila na 3,7% v roce 2023 z 3,4% v roce 2022 a dále na 4,2% v roce 2024; a že deficit veřejných financí v poměru k HDP dosáhne 3,9% v roce 2023 a klesne na 2,5% v roce 2024; vládní dluh v poměru k HDP dosáhne 44,0% v roce 2023 a 44,2% v roce 2024. Prognózy Ministerstva financí ČR týkající se inflace a nezaměstnanosti byly optimističtější než prognózy České národní banky. Podle prognózy Ministerstva financí ČR by měla inflace v roce 2023 klesnout na 10,9% a nezaměstnanost by měla klesnout na 3,0%.

Tabulka 2-4 Změny v nejnovější prognózách tempa růstu českého HDP (2021 až 2024)

Rok	2021	2022	2023	2024	2023	2024
			Nejnovější prognózy		Dřívější prognózy	
Tempo růstu HDP (%)	3,3	2,5	0,5	3,0	0,1	1,9

(Zdroj dat: Český statistický úřad a Česká národní banka)
Poznámka: Data za roky 2021 a 2022 pocházejí od Českého statistického úřadu, data za roky 2023 a 2024 jsou data z prognózy České národní banky. Data nejnovějšími prognózy pocházejí z května roku 2023 a data předchozí prognózy pocházejí z února 2023.

Řada mezinárodních institucí také vypracovala různé prognózy růstu české ekonomiky v roce 2023, které jsou konzervativnější než prognózy České národní banky a Ministerstva financí. Evropská komise předpovídala růst českého HDP v roce 2023 ve výši 0,2%, což je pátá nejnižší mezi členskými státy EU, přičemž hlavním tahounem jeho hospodářského růstu bude růst investic, zatímco spotřeba domácností bude stagnovat a čistý vývoz bude mít na ekonomiku neutrální dopad. Prognózy tří institucí, Evropské banky pro obnovu a rozvoj (EBRD), Mezinárodního měnového fondu (MMF) a Organizace pro hospodářskou spolupráci a rozvoj (OECD), jsou ještě pesimističtější a všechny předpovídají, že Česká republika se v roce 2023 bude zmítat v mírné recesi s prognózami růstu HDP ve výši −0,1%, −0,5% a −0,1%. MMF rovněž očekává, že míra nezaměstnanosti v České republice v roce 2023 dosáhne 3,5%. OECD uvedla, že Česká republika se bude i nadále potýkat s vysokou inflací, která by měla v roce 2023 činit 13,0% a v roce 2024 klesnout na 4,2%.

Podle prvotních údajů zveřejněných Českým statistickým úřadem v dubnu 2023 se český HDP v prvním čtvrtletí 2023 meziročně snížil o 0,2% a mezičtvrtletně vzrostl o 0,1%. Jak ukazuje graf 2-7, česká ekonomická důvěra utrpěla od pandemie v roce 2020 závažný pokles, přičemž index ekonomické důvěry dosáhl v květnu 2020 svého dna na úrovni 77,2 bodu, poté se postupně zotavil na 104,3 bodu v červnu 2021 a následovala postupná diferenciální oscilace. Vypuknutí rusko-ukrajinského konfliktu sice mělo na index ekonomické důvěry vliv, ale mnohem menší než dopad pandemie. Jak index důvěry v průmyslu, tak index důvěry v odvětví služeb dosáhly svých nedávných maxim v květnu 2022 a poté oscilovaly směrem dolů. Index důvěry sektoru služeb vykazoval známky oživení dříve než index důvěry průmyslu, přičemž index důvěry sektoru služeb v květnu 2023 vzrostl na 97,6 bodu. Index důvěry průmyslu osciloval více než index důvěry sektoru služeb, když se v dubnu 2023 zotavil na 100,0 bodu, ale v květnu opět poklesl na 91,8 bodu. Oproti tomu index důvěry ve stavebnictví se pohyboval ve vysokém pásmu poklesu s mírným oživením ve druhém čtvrtletí 2023. Spotřebitelská důvěra se naopak pohybovala na nízké úrovni a od března 2022 oscilovala téměř pod 90,0 body. V květnu 2023 se Spotřebitelská důvěra zotavila na 88,5 bodu, což je zhruba na stejné úrovni jako v březnu 2022, a bude trvat nějakou dobu, než se Spotřebitelská dynamika obnoví. Index důvěry v obchodě byl mezi jednotlivými dílčími indexy ekonomické důvěry relativně stabilní, přičemž v dubnu 2023 se index důvěry v obchodě zvýšil na 100,2 bodu.

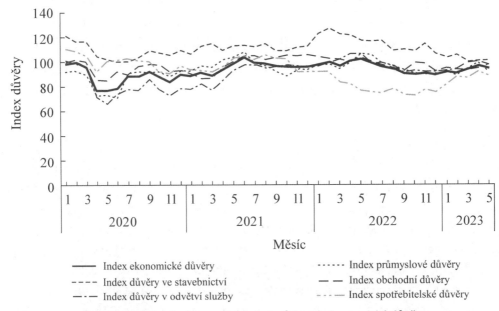

Graf 2-7   Změny indexu a dílčích indexů české ekonomické důvěry

(Zdroj: Český statistický úřad)

B. Nepříznivé factory

1. Vysoká inflace zůstává „svěrací kazajkou" pro hospodářské oživení

V roce 2022 se globální inflace rozšířila a míra inflace hlavních světových ekonomik výrazně vzrostla. V roce 2023 však nic nenasvědčuje tomu, že by mělo dojít ke zvratu. MMF odhaduje, že index průměrných spotřebitelských cen ve světě vzrostl v roce 2022 o 8,8%, což je nejvyšší úroveň od 21. století. V roce 2022 činila roční míra inflace ve Spojených státech přibližně 8,1%, což je nejvyšší úroveň za posledních 40 let, průměrná roční míra inflace v eurozóně byla přibližně 8,3%, což je nejvyšší úroveň od roku 1992, a průměrná roční míra inflace v evropských rozvíjejících se ekonomikách dosahovala 27,8%. Toto kolo globální inflační nákazy bylo ovlivněno především čtyřmi faktory: zaprvé celosvětovým růstem cen energií a cen potravin způsobeným rusko-ukrajinským konfliktem, který vyvolal nákladovou inflaci. V červnu 2022 činila průměrná cena ropy Brent 112,5 USD za barel, což představuje meziroční nárůst o více než 40%. V roce 2022 byl nárůst cen potravin a komodit nejvyšší od roku 2008, přičemž ceny pšenice vzrostly o více než 40%. Druhým důvodem je, že se postupně obnovovaly blokády globálního dodavatelského řetězce způsobené pandemií, ale posiloval se trend regionalizace, krátkých řetězců a blízkosti dodavatelských řetězců, což vedlo ke zvýšení výrobních nákladů. Například nedostatek čipů se stal hlavním problémem pro průmyslová odvětví, jako je automobilový průmysl a výroba mobilních telefonů, protože celosvětová nabídka polovodičů převyšuje poptávku v důsledku epidemie a sílících geopolitických konfliktů. Zatřetí, prohloubil se nedostatek pracovních sil, rychle se zvýšily mzdové náklady a hladiny mezd nadále rostly, což dále tlačilo nahoru inflaci založenou na nákladech. Začtvrté, globální poptávka se po pandemii postupně zotavovala, přičemž poptávka rostla rychleji než oživení nabídky, což vyvolávalo vyšší ceny zboží a služeb. Čtyři výše uvedené spouštěče inflace nepolevily a inflační tlaky zůstávají celosvětově stále vysoké. Vysoká inflace postihla i českou ekonomiku. Březen 2023 byl v České republice měsícem s nejnižší inflací od dubna 2022, ale i tak vzrostly ceny elektřiny v tomto měsíci meziročně o 29,6%, ceny pevných paliv o 53,7% a ceny za vytápění (topení a teplá voda) o 44,6%. Mezitím ceny potravin a nealkoholických nápojů meziročně vzrostly o 23,5%, mezi nimi rýže o 32,9%, mouka o 33%, vepřové maso o 34%, mléko o 45%, vejce o 75,5%, zelenina o 30% a cukr prudce vzrostl o 97,6%. Česká ekonomika se musí i v roce 2023 vážně vypořádat s vysokými inflačními tlaky.

2. „Nedostatek dolaru" prohlubuje globální finanční rizika a tlumí obchodní toky

Zvýšení úrokových sazeb Federálním rezervním systémem a snížení bilanční sumy vyvolalo „nedostatek dolaru", což představuje rizika a skrytá nebezpečí pro globální finanční trhy, stejně jako dopad na devizové trhy a obchodní transakce. Zpráva MMF o globální finanční stabilitě vydaná v dubnu 2023 konstatovala, že odolnost globálního finančního systému prošla několika zkouškami a že rizika pro finanční stabilitu výrazně vzrostla. Na jedné straně globální inflace vyvolala mezi centrálními bankami soutěž o zvýšení úrokových sazeb a stabilizaci cen. Federální rezervní systém překonal očekávání při provádění své politiky zpřísňování měnové politiky a neustále zvyšoval úrokové sazby, což vedlo k masivnímu přílivu mezinárodního kapitálu do Spojených států a ke globálnímu „nedostatek dolaru". Na druhé straně vyšší úroveň globálních úrokových sazeb vyvolala otřesy ve struktuře bohatství na světových finančních trzích. V prosinci 2022 klesl americký Nasdaq oproti začátku roku o 31,6%, index S&P 500 klesl o 19,2%, Dow Jones Industrials o 9,4%, evropský Stoxx 50 o 11,5%, Nikkei 225 o 4,4% a globální finanční trhy zaznamenaly výrazný úbytek bohatství. V březnu 2023 vyhlásily banky jako Silicon Valley Bank a First Republic Bank of the United States bankrot a Credit Suisse byla převzata skupinou UBS, což způsobilo zmatek na finančním trhu. Změny na finančních trzích zároveň vyvolaly výraznou úpravu mezinárodních měnových kurzů. Americký dolar v roce 2022 výrazně posílil a relativně posílil. Vůči americkému dolaru oslabilo euro o 6,9%, britská libra o 10,3%, japonský jen o 18,8%, česká koruna o 7,7% a některé měny rozvíjejících se trhů zaznamenaly výrazné oslabení, například argentinské peso, které oslabilo o 40,5%, a turecká lira, která oslabila o 30,3%. Výrazné znehodnocení měn zvýšilo importované inflační tlaky v rozvíjejících se ekonomikách a také zvedlo riziko zahraničního státního dluhu, což dále prohlubuje rizika pro fungování světové ekonomiky. Mezinárodní ratingová agentura Moody's snížila výhled českého bankovního sektoru ze stabilního na negativní, přičemž předpokládá pokles kvality bankovních úvěrů, nižší ziskovost a zmenšujícího se přístupu k financování.

3. Nedostatečné dodávky energie zůstávají „narušitelem" ekonomické bezpečnosti

Evropa se zmítala v energetické krizi, kdy od roku 2021 narůstal v Evropě nedostatek plynu a dodávek elektřiny, který se rychle šířil do uhelného, ropného a dalších energetických odvětví. Evropskou energetickou krizi dále prohloubilo vypuknutí rusko-ukrajinského konfliktu v roce 2022. Rusko zaujímalo klíčové postavení v globálním energetickém sektoru, neboť je největším světovým vývozcem zemního plynu, ropných produktů a třetím největším vývozcem uhlí. Před rusko-ukrajinským konfliktem činila ruská těžba ropy přibližně 11,3 milionu barelů denně, produkce zemního plynu dosahovala 762 miliard metrů krychlových a roční vývoz uhlí činil 260 milionů tun. Pokud jde o ropu, ruský vývoz ropy zůstal v roce 2022 na 97% úrovně před rusko-ukrajinským konfliktem, a to navzdory západním sankcím na vývoz ruské ropy. V případě EU zůstala poptávka po dovozu ropy na úrovni 2,1 milionu barelů denně, takže trh byl značně nedostatečně zásoben. V roce 2022 vzrostly světové ceny ropy o 30,4 USD za barel. Pokud jde o zemní plyn, celková poptávka EU po plynu v roce 2022 klesla přibližně o 10%, ale celkový dovoz plynu z Ruska stále činil přibližně 60 miliard metrů krychlových. V roce 2023 se EU stále potýkala s kritickým nedostatkem energie. Na jedné straně může Rusko dále snižovat své dodávky energie do Evropy a dodávky plynu do Evropy mohou klesnout na nulu. Na druhé straně by se s oživením čínské ekonomiky dále zvětšovala mezera v nabídce a poptávce na světovém trhu s energií a výroby a dodávky ostatních zemí vyvážejících energii by byly stále nedostatečné, což by dále prohlubovalo celosvětovou energetickou konkurenci. Kromě toho zařízení pro skladování energie, která evropské země používaly v roce 2022, dosáhla svého limitu a prostor pro další zvyšování rozsahu skladování energie je omezený. Podle Mezinárodní energetické agentury (IEA) by v roce 2023 činil deficit zemního plynu v Evropě 57 miliard metrů krychlových, což je třeba překlenout pomocí opatření, jako je zvyšování energetické účinnosti, instalace obnovitelných zdrojů energie a povzbuzování spotřebitelů ke změně jejich návyků při spotřebě energie. Pro Českou republiku je snížení závislosti na ruské energii náročným úkolem. Před rusko-ukrajinským konfliktem pocházelo 25,2%, 36,8% a 92,1% fosilních paliv, ropy a plynu dovážených do České republiky z Ruska. Za účelem snížení své závislosti na ruské energii zavedla Česká republika také řadu politik, přijala novelu energetického zákona a podnikla iniciativy ke zmírnění energetických omezení obnovením části výroby elektřiny z uhlí, zvýšením podílu elektřiny vyrobené ze solární fotovoltaiky, bioenergie a větrné energie, zvýšením nouzového skladování plynu, zvýšením dovozu a využitím přeshraničních propojovacích bodů v obou směrech a budováním energetických komunit. Rok 2023 bude stále energetickou zkouškou pro Českou republiku i zbytek Evropy.

4. Nedostatek pracovních sil nadále nahlodává kořeny české výroby

Od roku 2017 trápí Českou republiku nedostatek pracovních sil. Od vzniku České republiky jako samostatného státu v roce 1993 dosáhla míra nezaměstnanosti v roce 2000 vrcholu 8,8% a poté oscilovala směrem dolů, až v roce 2017 poprvé překonala hranici 3,0%, kde se od té doby drží. Nezaměstnanost v České republice zůstala během pandemie nízká, a to pouze 2,6%, 2,8% a 2,3% za tři roky od roku 2020 do roku 2022. Podle nejnovějších údajů Českého statistického úřadu zůstala míra nezaměstnanosti v České republice v prvním čtvrtletí roku 2023 na nízké úrovni 2,6%. Nedostatečná nabídka pracovních sil je v posledních letech jedním z hlavních omezení české ekonomiky. Nedostatek pracovních sil nevyhnutelně vyvolal růst mezd pracovníků, zvýšil náklady na podnikání a snížil konkurenční výhodu vývozu. Průměrná mzda českých pracujících se zvýšila z 28 034 Kč v lednu 2017 na 41 265 Kč v lednu 2023, což představuje nárůst o 47,2%. Situace s nabídkou pracovních sil v České republice však nebyla optimistická. Počet obyvatel ČR ve věku 15-64 let dosáhl 6,869 milionu v roce 2022 a počet obyvatel země dosáhl rekordních 10,828 milionu, což představuje nárůst o více než 300 tisíc osob oproti roku 2021, a to zejména z důvodu ukrajinských uprchlíků přijatých během rusko-ukrajinského konfliktu. Podíl pracovní síly v produktivním věku na celkovém počtu obyvatel se však snížil ze 70% v roce 2000 na 63% a má klesající tendenci. Podle studie společnosti Boston Consulting Group by se počet obyvatel ve věku 50-65 let v České republice do roku 2040 zvýšil o 36% a propast mezi nabídkou a poptávkou na českém trhu práce by se v důsledku rostoucího stárnutí populace zvýšila ze 190 tisíc lidí v roce 2030 na zhruba 400 tisíc osob v roce 2040, a to za předpokladu, že míra zaměstnanosti ve všech věkových skupinách zůstane nezměněna. Očekává se, že do roku 2050 klesne HDP na obyvatele v ČR o 16% v důsledku stárnutí populace a úbytku pracovní síly ve starších věkových skupinách. Zmírnění nedostatku pracovních sil je proto výzvou, kterou musí česká vláda již delší dobu řešit.

C. Příznivé factory

1. Zdravé ekonomické základy podporují oživení v odvětví průmyslu a služeb

Na makroekonomické úrovni má Česká republika solidní průmyslovou základnu, zdravou infrastrukturu, relativně vysokou transparentnost a vyspělost trhu a konkurenční výhody v automobilovém průmyslu, výrobě strojů a zařízení, elektronickém informačním a dalších odvětvích, která jsou důležitou součástí evropského průmyslového řetězce. Zpráva o globální konkurenceschopnosti 2022, kterou zveřejnila Mezinárodní škola managementu ve švýcarském Lausanne, ukázala, že si Česká republika v žebříčku konkurenceschopnosti oproti předchozímu roku polepšila o osm míst na 26. místo, což je nejlepší umístění od roku 2016. Výrazný nárůst konkurenceschopnosti byl přičítán mimo jiné vysoké úrovni vzdělání české pracovní síly, harmonickým pracovním vztahům, silné výrobní základně a dobře rozvinutému vzdělávacímu systému. Všechny tyto faktory učinily českou ekonomiku odolnou a pomohly k oživení země. Zpráva Global Innovation Index 2022, kterou vydala Světová organizace duševního vlastnictví, hodnotila země po celém světě z hlediska národních systémů, lidského kapitálu, infrastruktury, vyspělosti trhu, obchodní sofistikovanosti, znalostních a technologických výstupů a tvůrčích výstupů. Český inovační index se umístil na 30. místě v celosvětovém měřítku a na 19. místě v evropské skupině. Ze zprávy European Skills Index 2022 zveřejněná Evropským centrem pro rozvoj odborného vzdělávání (ECDV), která měří úroveň dovedností evropských zemí ve třech dimenzích: rozvoj dovedností, aktivace dovedností a párování dovedností, vyplývá, že Česká republika se již tři roky po sobě umisťuje na prvním místě v Evropě. Economic Freedom of the World: výroční zpráva za rok 2022, kterou zveřejnil kanadský Fraser Institute, ukázala, že Česká republika je relativně transparentní a liberální z hlediska vládní regulace, právnío systému a otevření trhu a že se v ekonomické svobodě umístila na 21. místě ze 165 ekonomik a na prvním místě mezi zeměmi V4. Česká ekonomika se tentokrát propadla do mírné recese, a to především v důsledku vnějších faktorů. Podpůrná plocha vlastní reálné ekonomiky zůstala pevná a poskytla by České republice impuls k vymanění se z recese.

2. Finanční injekce EU podporuje ekologickou a digitální transformaci

Fondy EU jsou pro českou ekonomiku důležitým zdrojem financování a injekce fondů EU po pandemii sehrály ještě důležitější roli v oživení české ekonomiky. Na základě dopadů pandemie COVID-19 Evropská komise formulovala komplexní plán obnovy „EU nové generace", zřízení zvláštních fondů na podporu hospodářské obnovy ve výši 750 miliard EUR a do dlouhodobého rozpočtu Evropské unie, takže objem rozpočtu Evropské unie na období 2021-2027 dosáhla 1,85 bilionu EUR. V červenci 2020 Evropská komise schválila český národní plán obnovy(NRP), v jehož rámci Česká republika obdrží od EU 180 miliard Kč (cca 7 miliard EUR) z fondů na podporu hospodářského oživení, stimulaci investic soukromého sektoru a posílení systému zdravotní péče se zaměřením na Green Deal a digitální transformaci s cílem zvýšit odolnost ekonomiky. Česká republika zaměřila své prostředky na oživení na vysokokapacitní digitální infrastrukturu a technologie, účinnou výrobu a využívání energie a udržitelnou dopravní infrastrukturu. Injekce finančních prostředků EU vedly k posílení tržních sil v oblasti ekologické dopravy, zelené energie a digitalizace. Česká vláda také aktivně vydávala pobídky, jako jsou dotace na spotřebu energie z obnovitelných zdrojů, aby dále podpořila spotřebu zelené energie a stimulovala rozvoj příslušných průmyslových odvětví. V roce 2022 bylo v České republice uvedeno do provozu více než 33 tisíc nových fotovoltaických systémů a 50 tisíc tepelných čerpadel, což je podle Komory OZE rekord. V roce 2023 se očekává, že si v ČR pořídí fotovoltaické systémy nebo tepelná čerpadla dalších 100 až 200 tisíc nových zákazníků, což překoná počet z roku 2022. Česká republika navíc zahájila projekt výstavby jaderného průmyslového parku v jižních Čechách, který by měl být dokončen v roce 2032 výstavbou prvního malého modulárního reaktoru v ČR. Kromě Fondu obnovy získala Česká republika další finanční podporu z fondu „EU nové generace", například dotaci ve výši 1,64 miliardy eur z fondu EU pro spravedlivou transformaci na podporu přechodu na čistší energii v uhelných regionech Karlovarského, Ústeckého a Moravskoslezského kraje.

3. Očekává se, že s oživením mezinárodních trhů se zvýší podíl zahraničního obchodu na HDP

Světová ekonomika byla vystavena těžké zkoušce v důsledku epidemie, rusko-ukrajinského konfliktu a geopolitických konfliktů. Postupem času se dopad pandemie na světovou ekonomiku zmírnil a výroba se postupně zotavuje, přičemž v některých zemích došlo k výraznému oživení spotřeby. Válka v rusko-ukrajinském konfliktu nebyla vyřešena, ale strach z trhu se do jisté míry uvolnil a společenský život se pomalu vrátil do normálu. Vývoz českého zahraničního obchodu vykazoval v lednu až dubnu 2023 známky oteplení, přičemž objem českého vývozu se zvýšil na 86,47 mld. USD ze 79,46 mld. dolarů ve stejném období roku 2022, představuje meziroční nárůst o 8,8%. Objem vývozu do 39 zemí či regionů se meziročně zvýšil, přičemž u 25 z nich vzrostlo o více než 10%, podílel více než 65% na celkovém českém vývozu ve stejném období. Německo, největší obchodní partner ČR, dovezlo v lednu až dubnu 2023 z ČR 28,79 mld. USD, což představuje meziroční nárůst o 10,3%. Další významní obchodní partneři, jako Polsko, Francie, Španělsko, Maďarsko a Rumunsko, zaznamenali nárůst dovozu o více než 10%. Zahraniční obchod má pro Českou republiku zásadní význam a očekává se, že oživení mezinárodních trhů dodá českému hospodářskému oživení impuls. Od ledna 2023 Česká republika obnovila svůj přebytek zahraničního obchodu, jehož výše se měsíc od měsíce zvyšuje, a udržuje si vysoký přebytek obchodní bilance s členskými státy EU, který je významnou podporou růstu HDP České republiky.

Tématické studie:

Analýza vývoje českého

leteckého průmyslu

Shrnutí obsahu

◆ **Současná stav rozvoje českého leteckého průmyslu**

Český letecký průmysl má stoletou historii a ucelený průmyslový řetězec, který se skládá z pěti klíčových hráčů: výzkumných a vývojových organizací, konstrukčních a inženýrských společností, výrobců, poskytovatelů údržby a oprav a poskytovatelů provozu a služeb, který dosáhl plného pokrytí předcházejícího a následujícího vývoje. Podniky s velkým mezinárodním vlivem mají nejen přední podniky se silnou komplexní kapacitou pro provádění nezávislého výzkumu a vývoje a výroby letadel, ale v různých segmentech letectví vznikla také řada světově uznávaných páteřních podniků. Vnější obchod je úzce spojen s různými druhy leteckých výrobků, jako jsou letadla, motory a součásti, a existují rozdíly mezi výrobky obchodovanými na trzích vnitřního a vnějšího obchodu EU. Investiční prostředí a podmínky jsou příznivé, s dobře rozvinutou infrastrukturou a hustou sítí letišť, přičemž klíčovým faktorem je otevřené prostředí pro zahraniční investice. Je patrný příznivý vliv konvergenčních aplikací, postupně se rozvíjejí důležité oblasti, jako je aplikace digitálních technologií a konvergence pokročilých materiálů a výrobních procesů.

◆ **Perspektiva rozvoje českého leteckého průmyslu**

Česká republika je jednou z mála zemí na světě, která dokáže vyrábět a vyvíjet letadla lokálně. Na jedné straně má letecký průmysl jedinečné rozvojové výhody, které se odrážejí především v průmyslových sdruženích, průmyslových klastrech, vládních politikách, poptávce na trhu, vzdělávání a odborné přípravě, výzkumu, vývoji a inovacích atd. Na druhé straně se letecký průmysl potýká také s mnoha problémy a výzvami, které se odrážejí především v přírodním prostředí, geopolitice, informačních technologiích a lidských zdrojích. V posledních letech jde český letecký průmysl s dobou a pokračuje v průzkumu a inovacích v průkopnických oblastech, jako jsou bezpilotní letadla (UAVs) a elektrická vozidla s kolmým startem a přistáním. Při pohledu do budoucnosti hraje český letecký průmysl jako páteř svého high-tech odvětví, zahrnující devět aspektů české inovační strategie, i nadále důležitou roli v globálním leteckém průmyslu, využívá ekonomické vize České republiky jako „Země pro budoucnost" a využívá příležitostí.

Český

Český letecký průmysl je již více než sto let v čele vývoje v Evropě a je tradiční českou silnou stránkou. Za posledních sto let Česká republika vybudovala světově uznávaný letecký průmysl a jako jedna z mála zemí na světě má vlastní výrobu letadel od základní výroby až po finální montáž. Český letecký průmysl rychle roste a jeho výrobní systém se zdokonaluje díky konkurenční výhodě v základních technologiích, vysoce kvalifikované pracovní síle, příznivému regulačnímu prostředí a silnému zaměření vlády na inovace. Díky vynikající kvalitě, spolehlivému výkonu a prvotřídním inovacím je český letecký průmysl vysoce ceněn a hlavní značky jsou známé svými inovativními výrobky a službami. V současné době je český letecký průmysl schopen vyvíjet nejsofistikovanější letecké motory na světě a je jedním z nejsilnějších světových výrobců leteckých motorů a ultralehkých letadel.

I . Současná stav rozvoje českého leteckého průmyslu

A. Úplné pokrytí předchozích a následných fází průmyslového řetězce

Krátce po vynálezu letadel na počátku 20. století vznikly v České republice továrny na výrobu letadel a motorů, které fungují dodnes. V České republice existuje ucelený řetězec výroby letadel, jehož výrobní typy zahrnují malá dopravní, cvičná a lehká stíhací letadla, sportovní a zemědělská letadla, ultralehká letadla a kluzáky. Kromě tradičních cvičných proudových a lehkých stíhacích letadel se v České republice vyrábějí především civilní, sportovní a soukromá malá letadla a po Německu je Česká republika druhým největším výrobcem ultralehkých letadel v Evropě. V České republice se vyrábí čtvrtina všech prodaných ultralehkých letadel na světě. Za zmínku stojí, že Česká republika patří ke světové špičce ve výrobě vysoce kvalitních komponentů pro velká dopravní letadla, vojenská letadla, bombardéry a vrtulníky. Podle údajů agentury CzechInvest vyrobil český letecký průmysl ve své více než stoleté historii 32 tisíc letadel a 37 tisíc motorů. Za uplynulé století se český letecký průmysl díky pružné zahraniční spolupráci a subdodávkám proměnil z lidově řečeno

„malé země" ve významného hráče v globálním průmyslovém řetězci letecké výroby.

Český letecký průmyslový řetězec pokrývá všechny aspekty výroby letadel a služeb, má velký počet účastníků, vysokou míru vzájemné závislosti a široký záběr. Průmyslový řetězec se skládá z pěti klíčových účastníků, mezi něž patří výzkumné a vývojové organizace, konstrukční a inženýrské firmy, výrobci, poskytovatelé služeb údržby a oprav a poskytovatelé provozu a služeb.

1. Výzkumné a vývojové organizace

Fáze výzkumu a vývoje je základem průmyslových inovací a technologického pokroku a má zásadní vliv na rozvoj leteckého průmyslu. V České republice působí řada špičkových výzkumných a vývojových institucí a výzkumných center, včetně Českého vysokého učení technického, Ústavu leteckého inženýrství, Českého centra leteckého výzkumu atd. Tyto instituce pokračují ve špičkovém výzkumu různých aspektů leteckého průmyslu, jako je aerodynamika, nauka o materiálech, pohonné systémy atd.

2. Konstrukční a inženýrské podniky

Český letecký konstrukční a strojírenský průmysl má stoletou historii. Již ve dvacátých letech 20. století se v mnoha evropských zemích hojně používaly letouny české konstrukce. Díky spolehlivé kvalitě a inovativnímu designu se české letecké konstrukční a strojírenské společnosti nadále rozvíjejí na mezinárodních trzích a dosahují vynikajících obchodních výsledků. Mezi hlavní české letecké konstrukční a strojírenské společnosti patří Aero Vodochody, První brněnská strojírna Velká Bíteš (PBS), České Dopravní Strojírny a Honeywell Aerospace.

3. Výrobní podniky

Česká republika je domovem mnoha světových výrobců. Výrobci letadel disponují nejmodernějšími technologiemi a výrobními zařízeními, které umožňují vyrábět kvalitní produkty v přísném souladu s normami leteckého průmyslu. Mezi hlavní české výrobce letadel patří mimo jiné společnosti Aero Vodochody, GE Aviation Czech, Honeywell Aerospace a PBS.

4. Poskytovatelé služeb údržby a oprav

Kromě výroby letadel je Česká republika světovým lídrem v oblasti servisních kapacit pro údržbu a opravy letadel, které poskytují důležité záruky vysoké kvality, bezpečnosti a standardů letové způsobilosti po celou dobu životního cyklu letadla. Mezi hlavní české poskytovatele služeb v oblasti údržby a oprav letadel patří České technické služby, Airbus Services Czech Republic, LOM Praha a Honeywell Aerospace.

5. Provoz a poskytovatelé služeb

České aerolinie jsou jednou z nejstarších leteckých společností v Evropě a slouží zákazníkům již od roku 1923. Díky svým stoletým zkušenostem s provozováním letecké dopravy byly České aerolinie vybrány jako preferovaný poskytovatel služeb v tomto odvětví mezi mnoha dalšími leteckými společnostmi. Jako vlajkový letecký dopravce v České republice nabízejí České aerolinie letecké služby z hlavního města Prahy do více než 90 destinací ve 45 zemích či regionech. Zejména rozsáhlá síť přímých letů do Evropy zajišťuje nejkratší možné přepravní časy a je hlavní konkurenční výhodou Českých aerolinií.

B. Vysoký mezinárodní vliv podniků

Letecký průmysl je v rámci českého průmyslového systému relativně malý, ale jeho velikost a význam stále rostou a působí v něm řada světových výrobců a dodavatelů letadel. Podle posledních údajů Českého statistického úřadu činil podíl výrobní činnosti ostatních dopravních prostředků a zařízení v České republice (včetně leteckého průmyslu) na hrubé přidané hodnotě ekonomiky země přibližně 0,6% a letecký průmysl se na něm podílel jednou třetinou. V českém leteckém průmyslu působí více než 120 společností a více než 20 tisíc kvalifikovaných odborníků, včetně široké škály velkých tradičních společností i menších začínajících firem. Středočeský kraj je regionem s největší koncentrací českého leteckého průmyslu a v současné době je domovem sedmi výrobců letadel, včetně jednoho z největších v Evropě, společnosti Aero Vodochody. Několik dalších menších leteckých společností se nachází po celé zemi, mimo jiné ve městech Pardubice, Hradec Králové a Ostrava. Tyto společnosti významně přispěly k rozvoji českého leteckého průmyslu a pomohly zemi stát se lídrem na světovém leteckém trhu.

1. Aero Vodochody

Společnost Aero Vodochody, založená v roce 1919, se specializuje na konstrukci a výrobu vojenských a civilních letadel a její hlavní výrobní závod se nachází na letišti Vodochody v pražské čtvrti Východ. Aero Vodochody je jedním z nejstarších výrobců letadel na světě a největší českou společností leteckého průmyslu. V oblasti vojenských letadel je Aero Vodochody spolehlivým a dlouholetým partnerem mnoha leteckých sil po celém světě, které si získalo světové renomé výrobou cvičných proudových letounů L-39 a L-159 a lehkých stíhaček. Aero Vodokhodi má zkušenosti s provozem v různých klimatických prostředích (tropické, pouštní, pobřežní, mírné, severní) a je jednou z devíti společností na světě, které mohou vyrábět proudové cvičné letouny a mají kapacitu na dokončení procesů mapování, vývoje a certifikace. V současné době Aero Vodochody vyrábí díly pro vrtulník S-76C Black Hawk, především pro společnost Sikorsky Aircraft Corporation, a díly pro regionální dopravní letadla, mimo jiné pro společnosti Alenia Aeronautica, Embraer S.A. a Boeing.

2. Latecoere Czech Republic

Společnost Latecoere Czech Republic byla prvním českým výrobcem letadel, který vyvíjel a vyráběl díly a sestavy pro civilní a vojenská letadla. Bývalý Letov, první československá továrna na letadla, byl založen v Praze v roce 1918. V roce 2000 byla část závodu Letov začleněna do francouzské skupiny Latecoere jako dceřiná společnost. V roce 2013 byl Letov opět začleněn do mateřské společnosti a přejmenován na Latecoere Czech Republic. V současné době společnost Latecoere Czech Republic vyrábí specializované letecké komponenty pro významné světové výrobce letadel, jako jsou Airbus, Embraer S.A., Boeing a Dassault. Společnost Latecoere Czech Republic hraje důležitou roli v celkovém portfoliu skupiny a specializuje se na výrobu komponentů z těžkoobrobitelných kovů, hliníkových slitin a kompozitních materiálů, jakož i na povrchovou úpravu komponentů pro ostatní závody skupiny Latecoere. Kromě toho závod Latecoere Czech Republic v Praze na Letné nabízí řadu vysoce specializovaných služeb, včetně výroby a montáže kabinových dveří pro celou řadu letadel skupiny Dassault.

3. SEKO

Společnost SEKO byla založena v roce 1991 a v současné době má šest továren, z nichž tři se nacházejí v České republice. Vyrábějí především letecké průmyslové komponenty, komponenty pro parní turbíny a konstrukci a výrobu lisovacích forem, tři se nacházejí v zahraničí, a to v Německu, Brazílii a Indii. Vyrábějí především komponenty pro parní turbíny, kompletní sady vrtných souprav a válcované profily lopatek. Kromě toho má společnost SEKO obchodní zastoupení v Německu, Itálii a Indii.

4. GE Aviation Czech

GE Aviation Czech je společnost zabývající se konstrukcí, výrobou a údržbou turbovrtulových letadel pro komerční, obchodní a všeobecné letectví. Společnost je součástí globální sítě General Electric (GE) a patří do letecké divize GE, která vznikla akvizicí společnosti Walter Aircraft Engines v České republice. Walter Aircraft Engines je výrobce malých turbovrtulových motorů s legendární historií. Letecké motory Walter, které společnost vyráběla před druhou světovou válkou, používalo letectvo v mnoha zemích světa; během druhé světové války vyráběla motory Argus pro Německo a získala licenci na výrobu tehdy nejmodernějšího proudového motoru BMW 003 na světě; po druhé světové válce byl vyráběn sovětský proudový motor Walter M-05 pro použití ve stíhacím letounu MiG-15, který byl exportován do mnoha zemí. Po akvizici společnosti Walter Aircraft Engines v roce 2008 vytvořila GE obchodní jednotky GE Business a General Aviation. Vývojové a výrobní centrum GE Aviation Czech se nachází v Praze na Letné a je jedinou společností, která vyvíjí letecké motory GE mimo území Spojených států.

5. ATEC

Společnost ATEC byla založena v roce 1992 jako zakázkový výrobce komponentů pro lehká letadla a je jednou z předních společností v České republice v oblasti výroby pokročilých kompozitních materiálů používaných v lehkých sportovních letadlech, přičemž doposud dodala stovky letadel. Výrobní závod společnosti se nachází v Libici nad Cidlinou na Nymbursku.

6. ZLÍN Aircraft

Společnost ZLÍN Aircraft, jedna z nejstarších leteckých značek na světě, byla založena v roce 1934 a sídlí ve Zlíně v České republice. Společnost původně začínala s výrobou kluzáků a jednomotorových cvičných letadel a později rozšířila své portfolio o sportovní a zemědělská letadla.

7. Zall Jihlavan Airlines

Společnost Zall Jihlavan Airlines se specializuje na konstrukci, výrobu, prodej a údržbu celokovových a kompozitových lehkých letadel. Značka Skyleader je na trhu již více než 25 let. Společnost vyrábí letadla pro tři různé účely: rekreační létání, výcvik pilotů a speciální operace.

V červenci 2015 podepsala společnost Zigong Tonghang Airport Development Co., Ltd., dceřiná společnost AVIC Sichuan Aviation Industrial Bureau, formální dohodu se společností Zall Jihlavan Airlines o kooperační výrobě dvoumístného lehkého letadla Skyleader 600 (SL600). V září 2016 dva lehké letouny SL600 sestavené společností Zigong úspěšně uskutečnily svůj první let. V současné době existují v Číně dvě výrobní základny lehkých letadel SL600, Zigong v provincii S'-čchuan a Wuhan v provincii Hubei.

8. PBS

Společnost PBS, známá také jako První brněnská strojírna, je předním výrobcem produktů a zařízení pro mezinárodní letecký průmysl. PBS vyvíjí, testuje a vyrábí zařízení související s letadly v souladu s celosvětovými standardy leteckého průmyslu, především navrhuje a vyvíjí malé proudové motory pro letadla, bezpilotní letouny (UAV), terčové drony, pomocné pohonné jednotky a systémy řízení prostředí pro letadla a vrtulníky, jakož i všechny související výrobní procesy, včetně přesného lití, špičkového obrábění kovů a následné montáže hotových výrobků. Kromě leteckého vybavení nabízí společnost výrobky a služby v oblastech přesného lití (oběžná kola turbín, lopatky turbín, rotační disky z izolační bavlny, femorální komponenty), kryogeniky (heliové expanzní turbíny, kompresory, čerpadla), galvanického pokovování a dalších.

9. Avia Propeller

Výrobním podnikům českého leteckého průmyslu se dařilo i v oblasti výroby vrtulí. Avia Propeller se sídlem v Praze je dobře zavedený podnik se stoletou historií. Byla založena v roce 1919 a je jedním z nejvýznamnějších dodavatelů letecké techniky v regionu střední a východní Evropy. Od svého založení se společnost specializuje na výrobu vrtulí a její celokovové vrtule mají dobrou pověst po celém světě a jsou dodávány výrobci motorů Lycoming.

10. Woodcomp

Společnost Woodcomp, která se nachází jen několik kilometrů od společnosti Avia Propeller, se specializuje na dřevěné a kompozitní vrtule. Společnost dodává výrobky do desítek zemí po celém světě a vrtule, které vyrábí, vyváží do Jižní Afriky, Číny, Japonska a dalších zemí a regionů.

11. Transcon Electronic Systems

Společnost Transcon Electronic Systems byla založena v roce 1990 a je českým lídrem v oblasti vybavení letišť a heliportů a jedním z pěti největších světových dodavatelů letištní techniky. Díky vysoce kvalifikovanému profesionálnímu týmu výzkumu a vývoje, výrobním dílnám, prototypovým laboratořím, optickým laboratořím a servisnímu oddělení se společnost zaměřuje na poskytování řešení na míru pro osvětlovací systémy letišť a heliportů, včetně potřebného hardwaru a softwaru, napájecích a monitorovacích systémů, kompletních modulárních řešení pro malá regionální letiště a dalších.

12. Primoco UAV

Průmysl bezpilotních letadel se neustále rozvíjí na civilním i vojenském trhu a stal se jedním z důležitých dílčích odvětví českého leteckého průmyslu. Společnost Primoco UAV, která byla založena v roce 2014, je přední společností v oblasti bezpilotních letounů v České republice a jedinou společností na světě, která vyvíjí a vyrábí taktické bezpilotní letouny. Získala také licenci pro vojenský letecký design a výrobu a licenci pro provoz lehkých civilních dronů. Na rozdíl od stávajícího vojenského vybavení UAV jsou její drony využívány především pro civilní letecké operace, podporují různé aplikace, jako je ochrana hranic, bezpečnost, monitorování potrubí, vzdálená správa infrastruktury, a pokrývají mnoho oblastí, jako jsou zemědělská řešení a monitorovací systémy. Úspěšně vstoupily na trhy v Asii, na Blízkém východě, v Africe a Jižní Americe. V letech 2015 a 2016 byla společnost Primoco UAV zařazena mezi 100 nejlepších českých firem a za svůj systém dronů získala ocenění za design a inovace. V únoru 2022 získala společnost Primoco UAV osvědčení provozovatele lehkého bezpilotního letadla (LUC) vydané Úřadem pro civilní letectví ČR. Je to poprvé na světě, kdy byl v Evropě vydán certifikát LUC pro bezpilotní letadla s pevnými křídly, a zároveň se jedná o nejvyšší oprávnění, které lze podle stávajících evropských předpisů získat.

13. Kubíček Balloons

Společnost Kubíček Balloons, založená v roce 1898, je český výrobce horkovzdušných balónů a vzducholodí. Je jediným výrobcem horkovzdušných balónů ve střední a východní Evropě a jedním z největších světových výrobců horkovzdušných balónů. Její továrna se nachází v Brně a v současnosti je nejmodernější továrnou na horkovzdušné balony na světě. Společnost je držitelem certifikátu kvality v oblasti konstrukce, výroby a údržby, který odpovídá standardům Evropské agentury pro bezpečnost letectví (EASA). Je jedním z prvních výrobců horkovzdušných balónů, který je držitelem evropského typového certifikátu horkovzdušného balónu, a jediným evropským výrobcem, který používá k výrobě potahů horkovzdušných balónů unikátní polyesterovou tkaninu s vysokou pevností. Kromě toho společnost vyrábí také ultralehká a lehká sportovní letadla pod názvem Kubíček Aircraft.

C. Silné vnější obchodní vazby

Letecký průmysl hraje aktivní roli v českém národním hospodářství a je jedním z nejvýznamnějších přispěvatelů do českého mezinárodního obchodu. Český letecký průmysl se zabývá výrobou a vývozem všech typů leteckých výrobků, včetně letadel, motorů a dalších leteckých komponentů. Česká republika nejenže zdědila tradici vysoce kvalitních výrobních postupů při výrobě letadel a jejich komponentů, ale těší se ve světě i dobré pověsti díky své schopnosti vyvíjet téměř všechny technologicky vyspělé letecké výrobky. Většina výrobků se vyváží na zámořské trhy, včetně Evropy, Asie a Severní Ameriky. Vývoz výrobků českého leteckého průmyslu rostl v posledním desetiletí o více než 10% ročně. Zároveň Česká republika dováží z jiných zemí širokou škálu výrobků pro letecký průmysl, včetně surovin, komponentů, polotovarů používaných při výrobě výrobků pro letecký průmysl, aby podpořila svou výrobní činnost a uspokojila poptávku zákazníků po svých výrobcích.

Z hlediska obchodních společností je Aero Vodochody bezesporu jednou z nejvýznamnějších obchodních společností v českém leteckém průmyslu s celosvětovým vlivem. Společnost ERA Radar Technology (ERA) se sídlem v Pardubicích je ve světě známá spolu s Aero Vodochody jako výrobce pasivních radarových systémů pro monitorování letového provozu. V roce 2022 přesáhly tržby společnosti ERA 1 miliardu Kč, přičemž 2/3 zakázek pocházely z vojenského sektoru a 1/3 z civilního letectví. Tržby z prodeje pocházely především z prodeje jejího unikátního radarového systému VERA-NG. V současné době ERA vyváží sledovací systémy do více než 60 zemí, přičemž Evropa a jihovýchodní Asie jsou její dva hlavní trhy.

Z hlediska obchodních trhů je Česká republika významným hráčem v celosvětovém leteckém průmyslu a má navázány pevné obchodní vztahy s řadou trhů po celém světě, především v Evropě, Severní Americe, Asii a na Blízkém východě, kde je velká poptávka po produktech a službách leteckých společností. Nejvýznamnějším obchodním partnerem pro export českého leteckého průmyslu je Německo, následované Francií, další mocností leteckého průmyslu. Česká republika má několik subdodavatelských smluv s evropskou skupinou Airbus (AIR). V letadlech Airbus se dveře kabiny, moduly kuchyní a umýváren a konstrukční prvky vnějšího pláště vyrábějí z hliníkových slitin, titanu nebo oceli českého původu. Při vývozu výrobků do EU hraje český letecký průmysl roli subdodavatele komponentů letadel a vrtulníků a dodavatele malých letadel a podílí se také na vývoji a dodávkách složitých leteckých komponentů. Ve vývozu českého leteckého průmyslu do zemí mimo EU převažují kompletní letadla a vrtulníky všech velikostí. Jedním z hlavních obchodních partnerů českého leteckého průmyslu jsou také Spojené státy americké. Spojené státy jsou také jedním z hlavních obchodních partnerů českého leteckého průmyslu. Česká republika vyváží do Spojených států malá letadla a vrtulníky a dováží ze Spojených států střední a velká letadla, podvozky a další letecké komponenty. Kromě výše uvedených zemí patří mezi další významné exportní destinace českého leteckého průmyslu Rakousko, Velká Británie, Spojené

52

Zpráva o rozvoji hospodářské a obchodní spolupráce mezi provincií Zhejiang
a Českou republikou v rámci iniciativy „Pás a stezka" (2023)

arabské emiráty a Kanada.

V případě Číny je čínský trh v současné době malý, ale má obrovský potenciál. Čínský průmysl civilního letectví je na vzestupu díky neustálému zlepšování příslušných vnitrostátních předpisů. Na čínský trh postupně vstupují české společnosti z leteckého průmyslu, v Číně byly například uvedeny do provozu radarové systémy společností ELDIS Pardubice (ELDIS) a ERA. Kromě toho skupina Sichuan Airlines, česká pilotní škola F-AIR a Letecká akademie Úřadu pro civilní letectví Číny (CAAC) spolupracují na vybudování prvotřídní zahraniční instituce spolupráce mezi školou a podnikem, přičemž začínají s leteckým výcvikem a postupně se rozšiřují na řízení letového provozu, letovou službu, palubní personál a související letecké profesní obory.

D. Příznivé investiční prostředí a podmínky

Český letecký průmysl je na vzestupu a nelze jej oddělit od příznivého investičního prostředí. Jedním z klíčových faktorů příznivého investičního prostředí v českém leteckém průmyslu je dobře rozvinutá infrastruktura. Česká republika se nachází ve středu Evropy a je mostem mezi trhy východní a západní Evropy. Česká republika je relativně malá země, ale má hustou síť letišť a nejkvalitnější infrastrukturu letecké dopravy ze zemí V4. V České republice je 93 letišť, z toho 24 mezinárodních, 5 letišť pro obchodní leteckou dopravu a 63 heliportů. Vzhledem k tomu, že stále více leteckých společností otevírá linky do a z České republiky, je letecká doprava v zemi stále více vytížená. Hustá dopravní silniční síť slouží nejen celé České republice, ale také úzce spojuje Českou republiku s ostatními regiony v Evropě a dokonce i ve světě, což ji řadí mezi vyspělé země světa z hlediska dopravní infrastruktury. Od doby, kdy se Česká republika stala členským státem EU, její význam jako tranzitního uzlu neustále roste.

Letiště pro obchodní leteckou dopravu hrají zásadní roli v dopravní síti České republiky. Letiště Václava Havla Praha je největším a nejrušnějším letištěm v České republice a nachází se v hlavním městě Praze, kde slouží jako uzel Českých aerolinií a zároveň jako hlavní vstupní brána do České republiky pro cestující z celého světa. Letiště Brno-Tuřany je druhým největším letištěm v České republice a nachází se v Brně, je regionálním letištěm, které spojuje Brno a okolí se zbytkem České republiky a zbytkem Evropy. Další tři letiště, letiště Leoše Janáčka Ostrava v severovýchodní části České republiky, letiště Karlovy Vary v oblíbené české turistické destinaci a letiště Pardubice, jsou regionální letiště, která spojují město a okolí se zbytkem České republiky a zbytkem Evropy. Těchto pět letišť je důležitou součástí českého národního hospodářství, podporuje obchod, cestovní ruch a další klíčová odvětví země.

Dalším klíčovým faktorem rozvoje českého leteckého průmyslu je otevřené prostředí pro zahraniční investice. Od roku 1993 přitahuje Česká republika významné přímé zahraniční investice (PZI) a má nejvyšší PZI na obyvatele ze všech středoevropských zemí. Podle práva EU a předpisů OECD poskytuje Česká republika domácím i zahraničním investorům stejné zacházení. Neexistují žádná omezení pro dovoz nebo vývoz kapitálu a vláda poskytuje pobídky na podporu a povzbuzení investic do určitých odvětví a regionů. Zároveň je české politické a makroekonomické prostředí stabilnější a méně rizikové pro investování. Česká republika je členem Mnohostranné agentury pro investiční záruky (MIGA) a může investorům poskytovat záruky za nekomerční rizika. MIGA je mezinárodní organizace na ochranu investic přidružená ke Světové bance. Česká republika rovněž podepsala řadu dvoustranných smluv o podpoře a ochraně zahraničních investic a uzavřela také dohody o zamezení dvojího zdanění.

E. Evidentní posilující účinek konvergenčních aplikací

Český letecký průmysl rozvíjí konvergentní aplikace s využitím nových technologií a inovativních řešení pro zvýšení produktivity, bezpečnosti a udržitelnosti odvětví. Konvergenční aplikace rovněž mění letecký průmysl, mění způsob navrhování, konstrukce a provozu letadel díky aplikaci digitálních technologií, konvergenci pokročilých materiálů a výrobních procesů a pokračují v zavádění inovací a provozní efektivity. Například využívání technologií, jako je prediktivní údržba a dálkové monitorování ke sledování výkonnosti a stavu letadel, nejenže snižuje prostoje letadel, ale také zvyšuje bezpečnost; a využívání pokročilých výrobních technologií, jako jsou kompozitní materiály a 3D tisk, ke snížení hmotnosti letadel a zlepšení jejich strukturální integrity při současném zvýšení palivové účinnosti a bezpečnosti a zmírnění dopadu na životní prostředí.

Integrace digitálních technologií je jednou z nejdůležitějších oblastí integračních aplikací v českém leteckém průmyslu. Stejně jako ostatní průmyslová odvětví i letecký průmysl přechází na modernizaci a digitalizaci s cílem zvýšit provozní efektivitu a zlepšit svůj inovační rámec. Český letecký průmysl například využívá digitální nástroje, jako je virtuální realita a simulace, k optimalizaci návrhu a testování leteckých komponent a systémů, což pomáhá urychlit proces vývoje, zvýšit přesnost testování a snížit náklady na vývojový proces. Digitální transformace se skutečně dotýká celé řady odvětví, včetně letišť, leteckých společností, výrobců vybavení a poskytovatelů služeb, a má zásadní význam pro rozhodování. Zároveň se obchodní modely založené na datech rozšíří do celého dodavatelského řetězce. Na jedné straně digitální technologie změnily způsob, jakým letecké společnosti řídí a sledují provoz a údržbu, a pokrývají celý proces od prediktivní údržby až po digitální inspekční zprávy, což pomáhá zlepšit efektivitu obchodních operací a využití letadel a snížit náklady leteckých společností. Na druhé straně hrají digitální technologie důležitou roli také při zvyšování bezpečnosti a zabezpečení letecké dopravy tím, že pomáhají předcházet tomu, aby se potenciální problémy rozvinuly v závažné, a to díky digitálním systémům pro sledování a monitorování výkonnosti letadel v reálném čase.

V současné době působí v České republice 19 startupů z oblasti IT v letectví, mezi nimi například Simple Way, Era, PilotToolbox, 737 Handbook a další. Simple Way pokrývá dopravní uzly, jako jsou letiště, železnice a námořní přístavy, a vytváří tak jednotnou platformu pro informační služby pro cestující. Společnost poskytuje jednotnou komunikační platformu pro cestující, která distribuuje informace cestujícím v reálném čase v různých způsobech komunikace a poskytuje řešení pro správu obsahu pro administrativní oddělení. Era poskytuje cloudová řešení pro dohled a řízení letového provozu na letištích. Společnost rovněž nabízí řešení, jako jsou systémy pro sledování vozidel, širokoúhlé vícesměrové systémy, zařízení pro sledování nadmořské výšky, paralelní sledování dráhy a vojenské simulátory a simulátory protivzdušné obrany. Společnost PilotToolbox poskytuje řešení pro vedení letových deníků pro piloty leteckých společností a nabízí zaznamenávání letových dat, statistické grafy, sledování letů, synchronizaci dat a další. 737 Handbook poskytuje pilotům interaktivní technické příručky založené na aplikacích s obsahem, jako je simulátor flexibilní výrobní buňky (FMC) s řídicí jednotkou pro komunikaci datového spoje pilota (CPDLC) a systémem adresování a hlášení komunikace letadla (ACARS), model pilotní kabiny, nástěnky s technickými blogy, videa různých poruch motoru a fungování různých systémů a další.

II. Perspektiva rozvoje českého leteckého průmyslu

Česká republika je jednou z mála zemí na světě, která dokáže vyrábět a vyvíjet letadla lokálně, a má nejen dobře rozvinutý systém letecké výroby, ale také konkurenceschopné lidské zdroje, vychovává více než 10 000 leteckých zaměstnanců s vědeckým vzděláním nebo odborností v akademii, přičemž náklady na zaměstnance se stejnou úrovní odbornosti jsou jen asi 50% nákladů v západních zemích. Letecký průmysl jako páteř českého high-tech sektoru zahrnuje devět aspektů české inovační strategie a aktivně naplňuje českou ekonomickou vizi „The Country of The Future".

A. Vývojové výhody

1. Průmyslová sdružení

Hlavními českými sdruženími působícími v leteckém průmyslu jsou Asociace českého leteckého a kosmického průmyslu, Svaz českého leteckého průmyslu a Letecká amatérská asociace ČR.

Asociace českého leteckého a kosmického průmyslu má 37 firemních členů, mezi nimiž jsou velcí generální dodavatelé, systémoví dodavatelé, výrobci leteckých sestav a komponentů, malé specializované firmy a další. Členské společnosti pokrývají všechny aspekty návrhu, vývoje, výroby, údržby a provozu leteckých systémů, které pokrývají celý životní cyklus letadla. Výrobní operace zahrnují vojenská a civilní letadla, letecké motory a zbraňové systémy, kosmický výzkum, výrobu součástí a sestav leteckých systémů a související specializovaný software.

Svaz českého leteckého průmyslu byl založen v roce 2011 a sdružuje 23 firemních členů a 6 přidružených členů. Cílem svazu je podporovat hospodářskou spolupráci mezi svými členy, pomáhat jim získávat nové zakázky, podporovat investice do nových projektů s průmyslovým využitím, podporovat letecké vzdělávání, zlepšovat podnikatelské prostředí v oboru a zvyšovat konkurenceschopnost českého leteckého průmyslu. V tomto směru se Svaz českého leteckého průmyslu zaměřuje na tyto čtyři cíle: zvýšit konkurenceschopnost českého leteckého průmyslu, rozšířit spolupráci v rámci Svazu a integrovat kompetence a odborné znalosti, podporovat a propagovat rozvoj lidských zdrojů v leteckém průmyslu a podporovat zlepšování podnikatelského prostředí v oboru.

Asociace lehkých letadel České republiky je sdružení pilotů, konstruktérů, projektantů, výrobců a provozovatelů lehkých letadel s maximální vzletovou hmotností do 600 kg a je druhou největší organizací sdružující mikrolehká letadla v Evropě. Sdružení má více než 7000 členů, více než 7 300 registrovaných letadel a více než 13 700 aktivních pilotních licencí. Sdružení je v České republice příslušným orgánem pro certifikaci, vydávání průkazů způsobilosti a provoz mikrolitních letadel, včetně paraglidů, motorových paraglidů, závěsných kluzáků, rotorových letadel, vrtulníků, letadel s přenosem hmotnosti a aerodynamicky řízených mikrolitních letadel.

2. Průmyslový klastr

V České republice se vytvořil letecký klastr určitého rozsahu, většina leteckých společností a organizací spolupracuje s předními světovými výrobci v leteckém a kosmickém sektoru a podílí se na výzkumných projektech špičkového světového leteckého průmyslu. Regionální rozmístění tohoto odvětví je soustředěno v Praze a jejím okolí a velké letecké společnosti v tomto klastru poskytují nejen velké množství pracovních míst v regionu, ale přitahují také velké množství výrobců a poskytovatelů služeb souvisejících s leteckým průmyslem. Český letecký a kosmický průmysl je atraktivní také pro inovativní společnosti díky své schopnosti vyvíjet konstrukční prvky a integrovat je do široké škály letadel a systémů. České letecké společnosti navíc disponují vývojovými kapacitami pro poskytování prvotřídních řešení v oblasti umělé inteligence, velkých dat a internetu věcí, v důsledku čehož se stále více zapojují do mezinárodních projektů výzkumu a vývoje. Ať už v celoevropských projektech, jako je Horizont 2020, nebo ve specializovaných projektech, jako je Clean Sky 2, jsou výsledky Českých aerolinií jasně viditelné.

Klastry poskytují českému leteckému průmyslu řadu specializovaných zdrojů, znalostí a technické podpory pro jeho další růst. Kromě leteckých společností zahrnuje průmyslová struktura českého leteckého průmyslu řadu institucí a organizací, včetně univerzit a výzkumných ústavů zabývajících se leteckým výzkumem a vývojem, a také obchodních sdružení a regulačních orgánů, které poskytují podporu leteckému průmyslu. Tyto instituce a organizace jsou úzce propojeny, efektivně spolupracují a sdílejí informace a hrají důležitou roli při podpoře růstu a rozvoje českého leteckého průmyslu.

3. Vládní politika

Vláda České republiky sehrála důležitou roli při podpoře rozvoje leteckého průmyslu. Česká vláda nabízí společnostem v tomto odvětví různé pobídky a daňové úlevy, které mají povzbudit více společností, aby začaly podnikat v leteckém průmyslu v České republice. Zároveň česká vláda investuje do výzkumných a vývojových projektů v tomto oboru, čímž poskytuje podporu inovacím v průmyslu a rozvoji nových technologií.

Ministerstvo průmyslu a obchodu ČR považuje letecký průmysl za jedno z prioritních odvětví pro rozvoj v zemi a zavázalo se podporovat rozvoj leteckého průmyslu ve spolupráci s odborníky na letecký průmysl, zástupci předních firem a malých podniků s inovačním potenciálem. S cílem stimulovat velké letecké společnosti ke zvýšení jejich konkurenceschopnosti na trhu produkcí výrobků a služeb s vysokou přidanou hodnotou prostřednictvím inovací zahájilo Ministerstvo průmyslu a obchodu ČR první program podpory tohoto odvětví zaměřený na inovace a výzkum a vývoj, operační program pro inovační podnikání a inovační konkurenceschopnost (OPPI). Ministerstvo průmyslu a obchodu ČR také aktivně pomáhá leteckým firmám vyhledávat a získávat nové obchodní příležitosti v zahraničí, a to včetně řady podpůrných kanálů, jako jsou podnikatelské mise, zahraniční veletrhy, programy ekonomické diplomacie, jednotné zahraniční kontakty a tzv. matchmaking, služby České investiční agentury a další podpůrné kanály, a také hájení zájmů českých firem v rámci společné obchodní politiky.

Kromě toho Ministerstvo vnitra České republiky zahájilo aktivní program ekonomické migrace s cílem přilákat odborníky s vynikajícími kompetencemi a kvalifikací, kteří jsou potřební pro rozvoj průmyslu a pro jeho další kvalitní rozvoj. Technologická agentura ČR rovněž zahájila programy na podporu rozvoje leteckého průmyslu, jako jsou programy ALFA, EPSILON a DELTA.

4. Tržní poptávka

Zvýšená poptávka po globálním cestování, nástup nových technologií a měnící se preference spotřebitelů jsou pro letecký průmysl zdrojem neustálého růstu. Zvyšující se celosvětová poptávka po leteckých komponentech je jedním z klíčových faktorů trvalého růstu českého leteckého průmyslu. Díky vysoce kvalifikované pracovní síle a vyspělým výrobním zařízením je Česká republika schopna vyrábět vysoce kvalitní komponenty používané ve většině světových letadel. Silná strojírenská základna, široké portfolio leteckých výrobků, vynikající vědecké a technologické kapacity v oblasti výzkumu a vývoje, kvalitní specializovaná pracovní síla, silná vládní podpora, vynikající technická pověst výrobků a spolehlivé výrobky, které lze přizpůsobit širokému spektru klimatických podmínek, dále zvyšují konkurenceschopnost českého leteckého průmyslu na světovém trhu a podporují neustálý rozvoj špičkových leteckých technologií.

Další klíčovou oblastí růstu českého leteckého průmyslu je rostoucí poptávka po bezpilotních letadlech. Česká republika je lídrem ve vývoji dronů a nadále investuje do výzkumu a vývoje. Česká republika disponuje silným týmem inženýrů a konstruktérů, kteří se specializují na znalosti a dovednosti pro vývoj nových technologií pro drony. Kromě již zmíněného předního výrobce dronů Primoco UAV je zastoupena také česká společnost Workswell, která byla založena v roce 2010. Společnost se zaměřuje na sektor UAS, specializuje se na termokamery a pyrometry pro řízení procesů, stavebnictví, diagnostiku zařízení a údržbu strojů a nabízí ojedinělé infračervené termovizní systémy pro UAV. S rostoucí poptávkou spotřebitelů po bezpilotních letounech se čeští výrobci dronů a poskytovatelé služeb UAS dočkají většího trhu, který bude umocněn postupným zdokonalováním technologií a rozšiřováním scénářů použití.

5. Vzdělávání a odborná příprava

V České republice působí řada vysokých škol zaměřených na letecké vzdělávání, například Vysoké učení technické v Brně, Univerzita obrany v Brně, České vysoké učení technické, Vysoká škola báňská - Technická univerzita Ostrava a další. Vysoké učení technické v Brně je jednou z předních výzkumných a výukových institucí v České republice, která nabízí studijní obory pro profesionální piloty, konstrukci letadel, letecký provoz apod; Univerzita obrany v Brně nabízí programy v oblasti letecké techniky, řízení letového provozu apod, a hraje klíčovou roli v poskytování vysokoškolského vzdělávání pro vojenské profesionály; České vysoké učení technické je jednou z největších a nejstarších technických univerzit v Evropě, která má několik fakult, včetně Fakulty strojní, Fakulty elektrotechnické a Fakulty dopravní, zajišťujících výuku v různých odborných kurzech, jako je letecká technika, letecké systémy a letecká doprava; Vysoká škola báňská - Technická univerzita Ostrava nabízí odborné kurzy v oblasti technologie provozu letadel, technologie údržby letadel a projektů letecké dopravní techniky.

Český letecký průmysl je světovým lídrem z hlediska rozvoje a má rostoucí technologickou sílu, a to i díky velkému počtu středních škol, které kladou důraz na specializované letecké vzdělávání. Tyto střední školy vychovaly velké množství odborníků v oblasti mechanické údržby a oprav, letištní techniky a letových navigačních služeb, čímž položily nezbytný základ pro současný úspěch českého leteckého průmyslu. Spolupráce školy a podniku s předními českými leteckými společnostmi nepochybně posílila celkové postavení českého leteckého průmyslu ve světovém leteckém sektoru. Kromě toho má Česká republika řadu domácích leteckých škol a výcvikových institucí. Například Czech Aviation Training Centre nabízí širokou škálu specializovaných kurzů včetně orientace na proudové letouny, výcviku v převrácení a vyprošťování, pokročilého výcviku v převrácení a vyprošťování atd; JetForTrip nabízí praktické i teoretické kurzy a specializuje se na leasing letadel, soukromou osobní a nákladní leteckou dopravu a dovoz a vývoz letadel; JOB AIR Technic a.s. je výcvikovou institucí schválenou Evropskou agenturou pro bezpečnost letectví (EASA) a Federálním leteckým úřadem (FAA) Spojených států amerických. Rozšířený hangár pro údržbu letadel je od roku 2006 jedním z největších jednorozponových hangárů pro údržbu letadel ve střední Evropě, který slouží především k údržbě letadel řady Boeing 737 a poskytování technického výcviku pro tato letadla.

6. Inovace v oblasti výzkumu a vývoje

Letadla se liší od rychloobrátkových výrobků a vývojový cyklus leteckého průmyslu lze jen těžko srovnávat s vývojem v jiném odvětví. Vývojový cyklus letadla trvá obvykle 7 až 10 let a doba letové služby 20 až 30 let. Letecký průmysl proto musí neustále inovovat a maximálně využívat současný výzkum a vývoj. V České republice působí řada výzkumných a vývojových společností, které poskytují špičková řešení a inovace pro další růst a rozvoj českého leteckého průmyslu. Tyto společnosti se věnují modernizaci českých leteckých technologií a zvyšování konkurenceschopnosti českého leteckého průmyslu doma i v zahraničí. Výsledky výzkumu a vývoje v českém leteckém průmyslu se uplatňují nejen v lokálních českých projektech, ale také ve strojích a zařízeních předních světových společností, jako jsou Airbus, Boeing, Bombardier a další.

Dovednosti a inovace patří k nejdůležitějším faktorům, aby český letecký průmysl zůstal globálně konkurenceschopný a mohl se dále rozvíjet. České tuzemské letecké společnosti často realizují projekty spolupráce s tuzemskými univerzitami, výzkumnými centry a předními společnostmi v oboru. Například v roce 2016 navázalo ČVUT partnerství se společností GE Aviation Czech, které se osvědčilo a stalo se úspěšnou ukázkou spolupráce univerzit a podniků v českém leteckém průmyslu. GE Aviation Czech nejprve v České republice založila nové centrum pro vývoj, testování a výrobu turbovrtulových motorů. Následně se partnerství dále prohlubovalo, obě strany nejen úzce spolupracovaly na projektu turbovrtulového motoru Catalyst a projektu společného testovacího zařízení v Hradci Králové, ale rozhodly se také rozšířit spolupráci v oblasti testování udržitelných leteckých paliv (SAF). Silné kapacity v oblasti leteckého výzkumu a vývoje umožnily českým leteckým společnostem úspěšně konkurovat na mezinárodním trhu předním firmám, jako jsou Airbus, Honeywell, Leonardo a další. Stojí za zmínku, že český letecký průmysl je hluboce zapojen do rámcových programů výzkumu a vývoje, jako je Horizon Europe, což dále potvrzuje jeho schopnost spolupracovat v oblasti výzkumu a vývoje.

Český letecký průmysl aktivně sdílí znalosti a zkušenosti s domácími i zahraničními partnery a prostřednictvím mechanismů spolupráce veřejného a soukromého sektoru více propojuje akademickou sféru s průmyslem, což umožňuje specializovaným výzkumným centrům více se podílet na projektech s vysokou hodnotou. Mezi hlavní výzkumná a vývojová centra v České republice patří Czech Aerospace Research Center, Ústav leteckého inženýrství VUT v Brně, Honeywell Technology Solutions a výzkumné a vývojové centrum GE Aviation Czech. Jedno z nich, Centrum leteckého a kosmického výzkumu ČR, které sídlí v Praze a bylo založeno v roce 1922, je národním centrem leteckého výzkumu, vývoje a testování. Hlavními úkoly výzkumného centra je provádění základního a průmyslového výzkumu a experimentálního vývoje v hlavních tematických oblastech aerodynamiky, pevnosti a odolnosti konstrukcí, materiálového a korozního inženýrství, turbostrojů, kompozitů a technologií a kosmických aktivit. Ústav leteckého inženýrství Vysokého učení technického v Brně se zaměřuje na odborné vzdělávání, aplikovaný výzkum a testování letadel a jeho vědecká činnost pokrývá následující oblasti: aplikace moderních výpočetních metod v oblasti navrhování letadel, numerické metody v aerodynamice a strukturálních vědách, aplikace nástrojů počítačem podporovaného navrhování (CAD) pro parametrické geometrické modelování, statické a dynamické testování leteckých konstrukcí, aplikace kompozitních materiálů, stabilita letu, řiditelnost a testování konstrukcí.

B. Vývojové dilema

1. Přírodní environmentální výzvy

V současné době se český letecký průmysl postupně zbavuje negativních dopadů náhlého poklesu počtu cestujících způsobeného pandemií COVID-19 a počet letů opět roste a postupně se vrací na úroveň před pandemií COVID-19. Vzhledem k tomu, že globální klima vykazuje trend postupného oteplování, musí letecký průmysl EU vyvinout úsilí ke snížení emisí skleníkových plynů a hluku z letadel. Nejnovější zpráva Evropské agentury pro bezpečnost letectví (EASA) o životním prostředí v evropském letectví předpovídá, že do roku 2050 by v Evropě mohlo být 12,2 milionu letů ročně, a zdůrazňuje naléhavou potřebu rozšířit výzkumné úsilí o dekarbonizaci letectví. Pro český letecký průmysl jako člena Evropské unie to nepochybně představuje velkou přirozenou ekologickou výzvu a zelené letectví se jistě stane hlavním proudem, což povede společnosti k ekologickému přechodu.

K řešení této výzvy slouží program EU Clean-Aviation, který byl zahájen v roce 2021 a je přední výzkumnou a inovační iniciativou EU zaměřenou na transformaci leteckého průmyslu směrem ke klimatické neutralitě, jejímž cílem je vyvinout převratné technologie, které do roku 2030 minimalizují uhlíkovou stopu komerční letecké dopravy. Mezi jeho cíle patří snížení emisí z regionálních letadel nejméně o 50% ve srovnání s nejmodernějšími letadly v roce 2020 a snížení emisí z letadel středního a krátkého doletu nejméně o 30%. V rámci programu by společnost Honeywell Aerospace vedla projektový výzkum klíčových součástí letadel zaměřený na dvě témata: řešení tepelného managementu a megawattové vodíkové palivové články, což by posílilo pozici jihomoravské metropole jako lídra ve výzkumu a vývoji nejmodernějších technologií. V souladu s klíčovými iniciativami v oblasti udržitelného rozvoje společnost Honeywell Aerospace přijala více než 50 výzkumných pracovníků z různých evropských zemí, kteří budou konkrétně provádět společný výzkum s projektovými partnery v jiných evropských zemích.

2. Geopolitické výzvy

S eskalací rusko-ukrajinského konfliktu se pro český letecký průmysl stala naléhavou otázka, jak rozšířit diverzifikaci dodavatelů. Český letecký průmysl je vysoce závislý na ruských titanových materiálech, které dováží především od společnosti VSMPO-AVISMA, největšího světového výrobce titanu. VSMPO-AVISMA, která je součástí společnosti Rostec, je největším světovým výrobcem titanu s kompletním výrobním řetězcem pokrývajícím 25-30% světového trhu s titanem. Společnost je hluboce integrována do světového leteckého průmyslu a je přímým dodavatelem společností Boeing, Airbus, SAFRAN a dalších. Na pozadí nedostatku diverzifikovaných dodavatelů některých specifických materiálů a technologií pro český letecký průmysl je pravděpodobné, že pokud nastanou zvláštní okolnosti a dodávky budou přerušeny, bude to mít velký dopad na budoucí inovace v českém leteckém průmyslu. Zároveň rusko-ukrajinský konflikt ovlivnil i ceny ropy, což výrazně zvýšilo provozní náklady leteckých společností a mělo vážný negativní dopad na český letecký průmysl.

3. Výzvy v oblasti informačních technologií

S rostoucím využíváním informačních technologií v leteckém průmyslu se kybernetická bezpečnost stává hlavním problémem leteckých společností a letišť. To představuje pro český letecký průmysl výzvu, ale také velkou obchodní příležitost. České aerolinie naléhavě investují do zavádění kybernetických bezpečnostních opatření, aby zabránily kybernetickým hrozbám a zajistily bezpečnost cestujících a provozu.

4. Výzvy v oblasti lidského kapitálu

Český letecký průmysl se potýká s nedostatkem certifikovaných pilotů a strojních inženýrů. S neustálým rozvojem českého leteckého průmyslu se zvyšuje poptávka po kvalifikovaných pracovnících. To, jak přilákat a udržet vysoce kvalifikovanou pracovní sílu, by mohlo ovlivnit udržitelný růst a hlavní konkurenceschopnost odvětví. Aby se s touto výzvou vypořádaly, zvyšují české letecké společnosti své investice do talentů, realizují projekty vzdělávání a rozvoje talentů, aby svým zaměstnancům pomohly zvládnout nejnovější teorie a technologie a přilákat a udržet si vynikající talenty.

Poděkování

Zpráva o rozvoji hospodářské a obchodní spolupráce mezi provincií Zhejiang a Českou republikou v rámci iniciativy „Pás a stezka" (2023) byla úspěšně vydána. V této části bychom rádi poděkovali všem zúčastněným skupinám a sektorům společnosti za jejich pomoc, vedení a podporu, které přispěly k vydání této zprávy.

Při sestavování této zprávy jsme obdrželi důsledné podklady od obchodního odboru provincie Zhejiang. Jeho podřízená kancelář pro vnější styky, kancelář pro zahraniční ekonomiku, kancelář pro rozvoj obchodu, Centrum zahraničního obchodu a další příslušná oddělení nám poskytly plnou podporu a nabídly cenné návrhy a připomínky k obsahu této zprávy.

Během procesu sběru dat získala zpráva plnou spolupráci a podporu od mnoha podniků, jako jsou Wanxiang Group, Jiecang Motion, a další.

Skutečné ocenění patří kolegům Výzkumného centra a upřímná vděčnost týmům anglických překladatelů, českých překladatelů a externích auditorů za jejich neúnavné úsilí přispívající k úspěšnému vydání této zprávy v čínské, anglické a české verzi současně.